Eine Region auf dem Weg zur Weltspitze

RUHR KRAFT

Herausgegeben von Christoph Peck

| Hoffmann und Campe |

1. Auflage 2008

www.hoca.de
Gestaltung und Satz: Redaktion 4, Hamburg
Druck und Bindung: GGP Media GmbH, Pößneck
Printed in Germany

ISBN: 978-3-455-50095-0

HOFFMANN
UND CAMPE

Ein Unternehmen der
GANSKE VERLAGSGRUPPE

„Im Jahr 2030 wird die Metropole Ruhr eine Modellregion
für die nachhaltige Lösung globaler Herausforderungen sein.
Die Metropole Ruhr wird Lösungen, insbesondere technischer
und infrastruktureller Art, entwickeln und in der eigenen Region
umsetzen, und sie wird sie weltweit exportieren.
Dadurch wird das Ruhrgebiet am Wachstum anderer Regionen
partizipieren und eigenes Wachstum generieren.
Basis für diese Entwicklung werden Innovationen sein.
Die Metropole Ruhr wird also nicht nur ein
Standort der Ideen und Erfindungen sein, sondern sich darüber
hinaus durch den Markterfolg seiner Unternehmen auszeichnen."

VISION DES INITIATIVKREISES RUHR

Inhalt

BERTHOLD BEITZ wurde am 26. September 1913 in Zemmin in Vorpommern geboren. Während des Krieges retteten er und seine Frau Else jüdische Arbeiterinnen und Arbeiter vor dem sicheren Tod in den nationalsozialistischen Vernichtungslagern.

1949 wurde Beitz zum Vorsitzenden des Vorstands der Versicherungsgesellschaft Iduna-Germania berufen. Als Alfried Krupp von Bohlen und Halbach ihm im September 1952 anbot, sein Generalbevollmächtigter zu werden, wechselte Beitz nach Essen. Nach Krupps Tod wurde er dessen Testamentsvollstrecker und blieb dies bis 1997.

Krupp wurde 1968 in die Kapitalgesellschaft Fried. Krupp GmbH umgewandelt. Die Alfried Krupp von Bohlen und Halbach-Stiftung nahm am 1. Januar desselben Jahres ihre Tätigkeit auf. Seit diesem Zeitpunkt ist Professor Dr. h. c. mult. Berthold Beitz Vorsitzender und geschäftsführendes Mitglied des Kuratoriums. Die Stiftung hat seit ihrer Gründung mit mehr als 500 Millionen Euro Projekte im In- und Ausland gefördert. Beitz wurde für sein Wirken vielfach geehrt.

Ein Anker in die Zukunft

Als ich 1953 von Hamburg nach Essen kam, standen nicht nur für mich die Zeichen auf Aufbruch. In diesem Jahr legte die Versammlung der Montanunion einen Vertragsentwurf über die Gründung einer Europäischen Politischen Gemeinschaft vor. Bundeskanzler Konrad Adenauer besuchte zum ersten Mal die USA und gewann haushoch die Wahlen zum Bundestag. Elisabeth II. wurde in London gekrönt und sorgte damit für die erste, auch nach Deutschland übertragene Eurovisionssendung. Und das Bundesverfassungsgericht erklärte die im Grundgesetz festgeschriebene Gleichberechtigung von Mann und Frau für rechtens.

Das große Wort jener Jahre hieß „Wieder". Wir waren mit dem *Wieder*aufbau beschäftigt; wir entdeckten dies oder jenes *wieder*, konnten uns *wieder* etwas leisten, wir gewannen *wieder* an Ansehen. Im Ruhrgebiet, von dem ich damals noch nicht wusste, dass es zu meiner neuen Heimat werden sollte, begann das Herz der deutschen Schwerindustrie wieder zu schlagen, und es entstanden neue Arbeitsplätze. Zwischen 1951 und 1953 waren es allein in der Industrie 650000, die meisten davon in der Eisen- und Stahlerzeugung, der metallverarbeitenden Industrie, im Maschinen- sowie im Bergbau. Diese Menschen brauchten Wohnungen. So wuchsen neue Siedlungen heran, finanziert aus den Mitteln des Marshall-Plans, wofür wir den Amerikanern Dank schulden. Und auch den DFB-Pokal gab es 1953 wieder: Im ersten Endspiel seit 1943 besiegte Rot-Weiss Essen Alemannia Aachen mit 2:1.

Das große Wort jener Jahre hieß „Wieder"

Tempi passati? Sind das nur die Erinnerungen eines alt gewordenen Mannes an seine Anfänge an der Ruhr? Nicht nur. Vielleicht lassen sich einige Linien ziehen, von der Nachkriegszeit zum Beginn des 21. Jahrhunderts, vom

Die Ruhr besinnt sich abermals auf ihre Stärken und entfaltet Kraft

Wiederaufbau zur Vision 2030. Die Ruhr besinnt sich abermals auf ihre Stärken und entfaltet die Kraft, die ihr immer schon eigen gewesen ist. Ich war revierfremd, und ich hatte von Kohle und Stahl nur wenig Ahnung. „Das lernen Sie schnell“, sagte Alfried von Bohlen und Halbach. Er hatte Vertrauen zu mir, dem Vorpommern. Er wollte den Blick von außen, nicht verbandelt mit den Familien, den Cliquen, den Konzernhierarchien.

Als er mich, den 39-jährigen Generaldirektor einer Versicherung, fragte, ob ich als sein Generalbevollmächtigter von der Elbe an die Ruhr kommen wollte, da folgte ich dem Mann, weil ich ihm vertraute. Auf der Fahrt nach Essen blieb der Zug in Bochum stehen, und ich sah ein Schild „Bochumer Verein“. Das sei, dachte ich, der örtliche Fußballclub. Kurze Zeit später haben wir die bedeutende Stahlschmiede gekauft.

Es ist uns damals gelungen, die Zerschlagung von Krupp abzuwenden und aus dem Konglomerat von Firmen einen leistungsfähigen Konzern aufzubauen über alle Hindernisse hinweg – auch über den viel zu frühen Tod von Alfried Krupp 1967 hinaus. Seit über 50 Jahren arbeite ich nun hier in Essen mit dem Ziel, sein Unternehmenskonzept zu bewahren und den Namen Krupp hochzuhalten. Das will ich meine Lebensaufgabe nennen. Sie erschöpft sich nicht darin, allein die Tradition des Unternehmens zu pflegen. Mindestens so wichtig ist es, das Unternehmen auf die Herausforderung der Zukunft vorzubereiten.

Deswegen haben wir damals erst Hoesch gekauft und dann den Zusammenschluss von Thyssen und Krupp herbeigeführt. Dass nun der Konzern die Hauptverwaltung von Düsseldorf nach Essen verlegt, zeigt, dass aus alten Wurzeln etwas Neues wachsen kann. Einst prägte wesentlich Krupp das Gesicht der Stadt, nun kehrt das Unternehmen in den Kreis der hier ansässigen Großen, in den Kreis von RWE, Evonik und Karstadt, zurück und wird mit ihnen zusammen Zeichen setzen für die Zukunft der Ruhr. Nur ein Beispiel hierfür ist die ThyssenKrupp-Academy, eine internationale Wissensschmiede für die 2500 Führungskräfte des Konzerns.

Die gemeinnützige Alfried Krupp von Bohlen und Halbach-Stiftung mit Sitz in Essen, deren Errichtung Alfried Krupps letzter Wille war und die heute größte Anteilseignerin der ThyssenKrupp AG ist, steht nicht nur für Geschichte. Sie steht für Zukunft, für Bildung, Wissenschaft, Medizin, für Kunst und Kultur. Und damit für Entwicklungspfade, die die Autoren der Vision Zukunft Ruhr 2030 als wesentlich zur Erreichung dieses Ziels ausgemacht haben: „Im Jahr 2030 wird die Metropole Ruhr eine Modellregion für die nachhaltige Lösung globaler Herausforderungen sein" – so steht es in dem Papier. Dieses Ziel ist realistisch. Wir haben die Erfahrung und die Kompetenz bei Kohle, Stahl und Logistik. Und werden sie für die neuen Wachstumsfelder Energie, Werkstoffe und viele andere einsetzen. Andere Stärken, über die die Region verfügt, sind erstklassige Kliniken, eine gut vernetzte Bildungslandschaft, ein vielfältiges Kulturleben. Nicht zu vergessen den Fleiß und die Macher-Qualitäten der Menschen hier im Revier, die ich ganz schnell schätzen lernte.

Wir haben die Erfahrung bei Kohle, Stahl und Logistik

„Niemand ist da, wo er ist", schreibt der spanische Philosoph Ortega y Gasset, „sondern sich selbst voraus, weit voraus am Horizont seiner selbst – und von dort her lenkt und führt er das wirkliche Leben, das gegenwärtige Leben." Das sollte man von Unternehmensführern sagen können und auch von denen, die in dieser Region schöpferisch tätig sind. Lenkern und Treibern einer Region. Wenn sie sich, wie im Initiativkreis in den vergangenen Jahren geschehen, auf eine Vision verständigen, dann werfen sie einen Anker in die Zukunft. Eine Vision gibt Ziel und Richtung. Und als passionierter Segler weiß ich, dass Wilhelm von Oranien nur zu recht hatte mit seiner Bemerkung, es gebe keinen günstigen Wind für den, der nicht wisse, wo er hinsegeln will.

Wer hätte sich vor 50 Jahren Essen als Kulturhauptstadt vorstellen können?

Welche Voraussetzungen die Region mitbringt, dieses Ziel zu erreichen, aber auch, was noch zu tun ist, dem spüren die Autoren dieses Buches nach. Sie nähern sich dem Thema kulturhistorisch, politisch und von der Marketingseite her. Verantwortliche Politiker, Unternehmer, Manager und Autoren geben ihre Einschätzung wieder. Und bei allen spürt man die Sympathie für die Ruhr, für diese kraftvolle Zusammenballung von 53 Gemeinden und mehr als fünf Millionen Menschen.

Die Nachkriegszeit kannte nur eine Richtung: aufbauen, Neues schaffen. Mit der Kohle- und Stahlkrise ging es bergab. Nun ist ein Ende des Bergbaus beschlossen. Vieles ist schon erreicht. Wenn ich nur Essen anschaue: Die Stadt hat ein anderes, feiner geschnittenes Gesicht bekommen. Wer hätte sich vor 50 Jahren vorstellen können, dass Essen, stellvertretend für die ganze Region, einmal europäische Kulturhauptstadt werden könnte?

Noch zeigen längst nicht alle Indikatoren wieder nach vorne. Der Weg an die Spitze ist kein Spaziergang. Für Eifersüchteleien oder ängstliche Besitzstandswahrung ist heute nicht die Zeit. Soll die Vision wahr werden, reicht ein „Weiter so" nicht aus.

Ohne Glück wird es nicht gehen. Glück, verstanden, wie Perikles es tat: „Das Geheimnis des Glücks ist die Freiheit; das Geheimnis der Freiheit der Mut." Diese Erkenntnis hat mich zeitlebens begleitet, von ihr habe ich mich leiten lassen – und für mich selbst hinzugefügt: Zum Mut gehört, Entscheidungen zu treffen.

In diesem Sinne wünsche ich, zum Wohle der Menschen an der Ruhr, den politisch und wirtschaftlich Verantwortlichen Entscheidungsfreude. Dann sollte sich auch das Glück einstellen.

Essen, im Mai 2008

WERNER MÜLLER wurde 1946 in Essen geboren, studierte Volkswirtschaft, Philosophie und Linguistik in Mannheim, Duisburg und Bremen und wurde zum Dr. phil. promoviert. Zunächst arbeitete er als Fachhochschullehrer in Ludwigshafen und hatte Lehraufträge der Universitäten Mannheim und Regensburg. 1973 ging er zu RWE in die Marktforschung. 1980 wechselte Müller zur VEBA AG nach Düsseldorf, wo er Leiter des Energiestabes, Generalbevollmächtigter und schließlich Mitglied des Vorstandes der VEBA Kraftwerke Ruhr AG in Gelsenkirchen war. Von 1997 bis 1998 arbeitete er als selbständiger Industrieberater. 1998 wurde Müller Bundeswirtschaftsminister und 2003 nach dem Ausscheiden aus der Bundesregierung mit Ablauf der Legislaturperiode Vorstandsvorsitzender der RAG Aktiengesellschaft. Seit dem 14. September 2006 ist Müller Vorstandsvorsitzender der Evonik Industries AG. Daneben war er von 2006 bis 2008 Moderator des Initiativkreises Ruhrgebiet.

Junge Familien aus der ganzen Welt

Herr Dr. Müller, unter Ihrer Führung haben sich die Unternehmen an der Ruhr eine Vision gegeben. Warum braucht eigentlich eine Region eine Vision?

MÜLLER: Nun, man könnte erst mal scherzhaft antworten mit den Worten des Altkanzlers Schmidt: „Wer Visionen hat, soll zum Arzt gehen.“ Ich war nie dieser Meinung. In einer Region, die wirtschaftliche Schwierigkeiten hat, in der manche Menschen zweifeln, ob die Region überhaupt Zukunft hat, ist man es einfach den Menschen schuldig, mit einer Vision jedem eine lebenswerte Zukunft jedenfalls gedanklich nahezubringen.

Wie ist es eigentlich dazu gekommen, dass sich der Initiativkreis nach lobenswerten, aber doch eher regionalen Projekten oder kulturellen Dingen wie dem Klavier-Festival nun aufmacht und einen Anker weit in die Zukunft wirft, an dem sich die Metropole Ruhr nach vorne ziehen soll?

Der Initiativkreis ist im Sommer vor rund 20 Jahren gegründet worden. Die Gründungsabsicht damals war, den Menschen zu sagen, das Ruhrgebiet steht vor gewissen Schwierigkeiten, aber man wird sie gemeinsam mit allen gesellschaftlichen Kräften meistern. Das ist ein bisschen in Vergessenheit geraten, und ich dachte, es sei an der Zeit, dass man den Grundgedanken der Herren Herrhausen, Benningsen, Adolf Schmidt und Bischof Hengsbach wiederbelebt: Nämlich den Leuten zu sagen, wir in der Wirtschaft glauben an diese Region, und wir wollen, dass wir alle an diese Region glauben.

Wir in der Wirtschaft glauben an diese Region

Das Gespräch führten Manfred Bissinger und Christoph Peck.

Vielen ist nicht bewusst, dass ein globaler Wettbewerb herrscht

Nun ist diese Vision auch skeptisch betrachtet worden. Manche haben sich mokiert über das Vorhaben, bis 2030 auf Augenhöhe mit New York, Tokio und Shanghai zu kommen. Kann man das wirklich so sagen, oder ist das eher ein Verkaufsargument, um den Leuten klarzumachen, um welche Ziele es geht?
Damit soll das Grundproblem deutlich werden. Um 1900 wuchs die Verbindung von Kohle, Stahl, Strom und Chemie hier zusammen. Seit der Zeit sind wir eine wirkliche Metropolregion. Nun wachsen überall in der Welt Metropolregionen, und es herrscht globaler Wettbewerb. Das ist vielen noch nicht bewusst. Wenn wir uns nicht richtig aufstellen, dann haben wir den Wettbewerb schon verloren, ehe wir richtig anfangen.

Aber was heißt das konkret? Inwieweit konkurriert die Metropole Ruhr mit Shanghai oder New York? Wo ist da der Wettbewerb?
Shanghai, eine Metropolregion, die ich nun über viele Jahre jedes Jahr einmal persönlich beobachten konnte, verzeichnet ein ungeheures Wachstum der Industrie. Und zwar in einer Geschwindigkeit, die wir uns gar nicht vorstellen können. Aber auch Shanghai ist nicht auf allen Feldern stark. Keine Metropolregion ist das. Alle haben Schwächen. Wir auch, aber wir haben auch große Stärken: Zur Metropolregion gehört neben den Spitzentechnologien beispielsweise auch Kultur, und wir sind eine der dichtesten Kulturregionen überhaupt auf dem Globus, in Deutschland allemal die dichteste. Das mag man in Berlin bestreiten, aber das lässt sich schon rein quantitativ beweisen, indem man einfach mal durchzählt.

Aber es geht ja nicht nur um die Quantität, sondern durchaus auch um die Qualität dessen, was geboten wird.
Da können wir uns genauso sehen lassen – wie auch auf einem anderen Feld: Wir haben hier für sechs Millionen

Menschen wirklich eine vorbildliche ärztliche Versorgung. Und so könnte man einige Punkte mehr aufzählen. Aber wir dürfen dabei nicht vergessen, dass wir eben auch ein Zentrum wirtschaftlicher Tätigkeiten sind und in diesem Sektor weiter wachsen müssen.

Wo liegen denn die größten Hindernisse?
In unserer Region findet noch zu viel Wettbewerb gegeneinander statt – mit dem Effekt, dass zum Schluss gar keiner gewinnt. Es liegt auch daran, dass wir oftmals zu wenig an die eigene Region denken. Die Wirtschaft im Ruhrgebiet gibt immens viel Geld für Forschung und Entwicklung aus. Wir haben größere Volumina zu vergeben, warum verknüpfen wir das nicht mit der Bedingung, dass vor allem in der Metropolregion Ruhr geforscht wird?

Es gibt erste positive Anzeichen. Beispielsweise ist die in der Exzellenzinitiative nur knapp unterlegene Universität Bochum jetzt vom Land NRW, einzelnen Unternehmen und privaten Stiftungen mit genau den Mitteln ausgestattet worden, die Bochum bekommen hätte, wäre es Exzellenzuniversität geworden. Beispielsweise sind wir heute in ganz Europa beim Thema Logistik wissenschaftlich führend. Es ist wenig beachtet worden, aber es gibt nicht nur PISA-Tests für die Hauptschüler, sondern beispielsweise auch PISA-Tests für die beste Ausbildung im Fach Logistik. Die ist im Ruhrgebiet.

Beim Thema Logistik sind wir wissenschaftlich führend

Das weiß niemand außer den Leuten in der Branche. Ist aber andererseits vielleicht auch nicht so überraschend, weil die Logistikbranche hier ohnehin gut ausgeprägt ist mit dem Duisburger Hafen, dem Logistikzentrum Dortmund und allem, was dazwischen liegt.
Eine Diskussion darüber, was diese Metropolregion braucht, damit sie langfristig im Wettbewerb der globalen Metropolen bestehen kann, eine solche Diskussion kann

eine vernünftige Anbindung an den Weltflugverkehr nicht ausblenden. Der wird nicht nur steigen, der wird drastisch steigen. Wir haben in Düsseldorf einen guten Flughafen, der die Ruhrregion versorgt. Den muss man auch noch ausbauen, es ist jedoch völlig unstreitig, dass er 2020 an seiner Kapazitätsgrenze angekommen sein wird. Wir blicken aber 25 Jahre nach vorne, also bis ins Jahr 2030. Und da stellen wir die Frage: Sind wir dann schon wieder abgehängt? Brauchen wir nicht einen neuen Flughafen? Das ist doch intellektuell einsichtig. Wir müssen in der Lage sein, für eine längerfristige Zukunft die Infrastrukturvoraussetzungen zu schaffen. Infrastruktur realisiert sich sowieso immer nur in Dekaden.

Sind wir 2020 schon wieder abgehängt?

Sie haben ja immer auf den Menschen gesetzt, der hier im Ruhrgebiet lebt, weil der bekanntlich besonders aktiv ist und sich besonders pragmatisch verhalten kann und sehr realistisch denkt. Ist das die notwendige Voraussetzung, um etwas zu ändern?

Ja, mit Sicherheit brauchen Sie eine Bevölkerung, die Veränderungen konstruktiv mitgehen will. Das wird hier seit 100 Jahren praktiziert. Ich wüsste kaum eine Region zu nennen in Europa, wo dermaßen viele internationale Gruppen zusammengekommen sind, um hier eine Industriewelt aufzubauen. Es beginnt damit, dass das technische Wissen importiert werden musste. Das ganze Bergbauwissen kam überwiegend aus England. Das Kapital kam sehr oft von der Insel, weshalb ja viele Zechen hier auch irische Namen tragen. Was viele nicht wissen, der Gründer der Düsseldorfer Börse war ein Ire, der aber in Herne wohnte. Und dann irgendwann reichten die Arbeitskräfte nicht, dann sind Menschen aus aller Herren Länder hierher gekommen. Es hat hier nie irgendwelche Schwierigkeiten zwischen den verschiedenen Ethnien gegeben. Alle haben gemeinsam das Industriezentrum aufgebaut. Nun haben wir das Problem, dass Kohle in absehbarer Zeit nicht mehr – jedenfalls deutsche Steinkohle – gefördert werden soll. Wir haben das Problem, dass sich die Stahlindustrie zum Kunden verlagert, also nach Südostasien oder Südamerika. Und wenn Energie dauerhaft teurer wird, stellt sich die Frage, ob wir die Chemie am Standort halten können oder sie nicht auch näher an die Rohstoffe heranrückt. So wie alles beim Aufbau positiv ineinandergegriffen hat, haben wir jetzt ein paar Probleme, wo es eben negativ ineinandergreift. Die Antwort darauf kann nur sein: systematisch Ersatz schaffen in anderen Wirtschaftsbereichen – und weiter versuchen, Industrien anzusiedeln. Wir werden hier die Wirtschaftssubstanz, die ja noch vorhanden ist, nicht in die Zukunft bringen, wenn wir nur auf Dienstleistungen setzen, sprich auf Filmvorführung und Tattoo-Studios.

In der Vision versuchen Sie, die alten Stärken der Region in neue zu transformieren, und definieren das Meta-Cluster Energie, Werkstoff und Logistik als Wachstumsmotor. Wie sehen Sie denn die Chancen, dass der tatsächlich anspringt?

Die Wurzeln sind da, und wenn die Wurzeln da sind, können sie auch neu ausschlagen und wachsen. Sowohl Werkstoffe wie Logistik wie Energie waren, sind und bleiben riesige Weltmärkte. Wir haben hier ein paar große Vorzeige-Unternehmen zum Thema Logistik, und bei den Werkstoffen könnten wir das vielleicht auch hinkriegen.

Wir können nicht nur auf Filme und Tattoo-Studios setzen

Sind Sie denn auch dafür, dass hier eine Megacity entsteht, in der die einzelnen heutigen Städte aufgehen?

Ich halte das grundsätzlich für anstrebenswert. London hat auch überlebt, ohne dass die einzelnen Teile Londons selbständig geblieben sind. Und es gibt innerhalb Londons genügend Wettbewerb.

Ich muss dafür sorgen, dass Menschen gerne zu mir kommen

Damit sind wir doch beim Kern des Problems, nämlich beim Polyzentrismus der Region. In das politische Vakuum ist nun der Initiativkreis gestoßen. Welches unternehmerische Selbstverständnis steht denn dahinter?

Dass man in der Region, in der man Menschen zur Mitarbeit gewinnt, auch Verantwortung trägt. Und zwar eine Verantwortung jenseits des Gewinns. Das hat unmittelbar Rückwirkungen. Wenn ich auf den mitarbeitenden Menschen angewiesen bin, dann muss ich dafür sorgen, dass er gern zu mir kommt. Wenn ein Maschinenbauingenieur drei Angebote hat, sagen wir aus Berlin, München oder Essen, dann kann ich Ihnen sagen, in welcher Reihenfolge der das fast sogar einkommensunabhängig macht. Man zahlt hier weniger Miete als in Berlin und vor allem in München, und er hat mindestens das gesamte Umfeld zur Gesundheitsvorsorge für sich und seine Familie. Das ist ja auch wichtig. Er hat vollkommen vergleichbare Schulangebote, und er hat ein Kulturangebot, das ist jenseits dessen, was München und Berlin hat. Aber trotzdem würde er bislang sogar einiges an Gehalt opfern, wenn er nicht ins Ruhrgebiet muss. Und das müssen wir eben ändern.

Hilft denn die Kulturhauptstadt, um das Gebiet attraktiver zu machen?

Das ist sicherlich ein Schritt in die Richtung, diese Region international zu bewerben. Der Initiativkreis hat eine Kampagne entwickelt, mit der er für die Ruhr internationale Eliten werben will. Dabei geht es darum, all das, was an Initiativen läuft, unter eine Dachmarke für die Region zu bringen, die wir wiedererkennbar machen und weltweit und immer wieder einsetzen können.

Wird 2010 die Region verändern?

Richtigerweise werden wir nicht nur einmalige Ereignisse und Events haben, sondern auch bleibende Dinge, zum Beispiel in Duisburg ein Museum für zeitgenössische Kunst, das seinesgleichen in Deutschland nicht hat. Wir werden hier ein neues Folkwang-Museum bekommen. Allein diese beiden werden die Kunstszene für Jahrzehnte mitbestimmen.

Bräuchte nicht eine Region ein Gesicht, das sie repräsentiert? So wie Beckenbauer den deutschen Fußball.
Das ist dem auch nicht an der Wiege gesungen worden, da ist er hineingewachsen. Aber ich wüsste Ihnen keinen Beckenbauer für die Metropole Ruhr zu nennen. Deswegen ist es besser, so eine Sache trägt sich personenunabhängig.

Dann sind wir international

Ihre Vision zielt auf das Jahr 2030; dann sind Sie 84. Sie haben also eine reelle Chance, noch zu erleben, was daraus geworden ist.
Da müsste man jetzt auf Holz klopfen.

Wenn Sie jetzt überlegen, wie das dann aussehen könnte, haben Sie eine Vorstellung davon, was sich verändert hat?
Wenn alles gut läuft, sind wir eine Region, die durch den Zuzug junger Familien aus der ganzen Welt gekennzeichnet ist. Wir sind dann international.

WOLFGANG SCHIVELBUSCH ist Privatgelehrter, Publizist, Historiker, Kulturwissenschaftler. Er wurde 1941 geboren und studierte Literaturwissenschaften, Soziologie und Philosophie. Seit 1973 lebt er in New York und Berlin. Schivelbusch ist Träger des Heinrich-Mann-Preises 2003 der Akademie der Künste zu Berlin. Er profilierte sich durch seinen methodischen Ansatz der „Geschichte der Mentalität". Schivelbusch gilt auch als Historiker der „Wahrnehmungsgeschichte" und Kulturgeschichte. Zu seinen Werken zählen „Die Kultur der Niederlage: der amerikanische Süden 1865, Frankreich 1871, Deutschland 1918", „Lichtblicke: Zur Geschichte der künstlichen Helligkeit im 19. Jahrhundert" und „Geschichte der Eisenbahnreise: Zur Industrialisierung von Raum und Zeit im 19. Jahrhundert".

Die Macht der Tiefe*

Die Industriezentren des 19. Jahrhunderts liegen über den Steinkohleflözen wie die Metropolen des Welthandels am Meer. Beide sind tragende Säulen des klassischen Kapitalismus. Das Meer trägt den Welthandel. Die Kohle liefert die Energie. Doch nehmen beide Systeme keine Notiz voneinander. Sie folgen der uralten Trennung des Terrestrisch-Autochthonen und des Maritimen. Allein in der kohlebetriebenen Dampfschifffahrt greifen sie ineinander/begegnen sie sich.

Ihre Wege verlaufen so getrennt wie die mit ihnen verbundenen Lebens- und Arbeitswelten und Psychologien. Sie könnten nicht unterschiedlicher sein. Das Meer ist grenzenlos und „frei". Die in die Kohlenlager herabführenden Schächte sind das offenkundige Gegenteil. Statt horizontal: vertikal. Statt grenzenlos: von klaustrophobischer Enge.

Seefahrt ist in der Vorstellung des 19. Jahrhunderts der letzte Abenteurerberuf. Bergbau gilt als notwendiges Übel, als malochende Existenz, die lediglich bei schweren Katastrophen ins Bewusstsein der Öffentlichkeit Eingang findet. Dann aber erreicht sie Dimensionen des Kampfes auf Tod und Leben, die sich messen können mit der Tragödie der Expedition Robert F. Scotts am Südpol.

Seefahrt steht für Abenteuer, Bergbau für notwendiges Übel

Staaten, die auf Seemacht basieren, wie Großbritannien und Amerika, erfreuen sich der mit Neid gemischten allgemeinen Bewunderung. Die ausgedehnten Kohleförderungsgebiete, die auch sie besitzen, finden keinen Platz in ihrer nationalen Mythologie. Staaten ohne Seemacht, wie das Deutsche Reich, scheint nichts anderes übrigzubleiben, als – wie unter Wilhelm II. – eine solche anzustreben und

*Ähnlichkeit mit und Anspielung auf Werner Müllers Buch „Des Feuers Macht" von 1986 sind beabsichtigt.

im Übrigen den Bergbau und den Bergarbeiter symbolisch und moralisch zu überhöhen.

Die Mentalität der wilhelminischen Deutschen vor dem Ersten Weltkrieg war demnach eine merkwürdige maritim-montane Mischung.

Bergbau als Weg nach innen

Heute, da der Weltsieg des maritim-globalen Prinzips als – je nach Standpunkt des Betrachters – ausgemachte Sache oder auslaufendes Modell gilt, ist vielleicht der Zeitpunkt günstig, der psychologischen und mythologischen Welt des Bergbaus wieder Aufmerksamkeit zu schenken. Was in der Vergangenheit als ihr Bedrückend-Klaustrophobisches empfunden wurde, könnte mittels einer kleinen Perspektivenveränderung als heilsames Modell einer fälligen Kontraktion erkannt werden.

Bergbau wäre also von Interesse als Weg nach innen in einer Welt, die auf dem expansiv-globalisierenden Weg nach außen ins Leere, Unproduktive, Kontraproduktive, Destruktive, zu laufen scheint.

Um die Sache noch weiter zu vereinfachen und zu verdeutlichen, sei anstatt vom Bergbau einfach vom Weg unter die Erde, also ins Innere der Erde, die Rede, von dem der Bergbau ja nur eine, wenngleich die wirtschaftlich und kulturell wichtigste, Version/Form ist.

Oder noch besser andersherum: Die Redewendung vom Weg nach innen, die in der Psychologie, der Religion, der Literatur und der Kunst eine so wichtige Rolle spielt, ist ohne die Vorstellung der Öffnung/Durchbrechung der Erdoberfläche und das Eindringen ins Innere so wenig vorstellbar wie die zahlreichen Bedeutungen von tief im übertragenen Sinne der tiefen Gedanken, des Tiefschürfens, der Vertiefung von etwas.

Tief ist, was dem Erdmittelpunkt nahe kommt.

Auch Platons Höhle, der Urort vermeintlicher Sinnestäuschung, ist in Wahrheit ein Ort, fast möchte man sagen eine Maschine, der Wahrheit näherzukommen. Wäre doch ohne die Vorstufe der Schatten die Entdeckung einer „tieferen“ Wirklichkeit der Dinge im Licht des Tages schwerlich möglich.

Lange bevor die Kohle als Treibstoff der industriellen Revolution entdeckt wurde, war Bergbau das Graben nach Gold und Silber, der Bergmann ein Schatzsucher. Reichtum und Tiefe (des Erdinnern) hingen so zusammen wie Tiefe und Hölle. Dass bis heute jedem Reichtum diese Herkunft unbewusst anhaftet, gehört zur abendländischen Psyche wie die Geschichte des Sturzes Satans vom Himmel, sein meteoritenhaftes Durchschlagen der Erdoberfläche, die Errichtung seines Gegenreichs im Erdinnern und die Nachbarschaft dieses Reiches mit dem Schattenreich überhaupt.

Zu den wunderlichen, ungeplanten und unerwarteten Wendungen der Weltgeschichte gehört, dass die erste maritim-globale Expansion im 16. Jahrhundert in die Tiefe der amerikanischen Gold- und Silberbergwerke führte und von dort aus der alles Bisherige in den Schatten stellende Strom der Edelmetalle die erste monetäre Revolution Europas auslöste, die die Grundlage für die bald folgenden kommerziellen und industriellen Revolutionen bilden sollte.

Anfällige Oberfläche und unveränderlich-ewige Tiefe?

Das Gold aus der Tiefe der Erde blieb bis zur Aufgabe des Goldstandards in den 1930er Jahren der Garant für stabiles Geld. Dass jedes Mal, wenn eine papierne Spekulationsblase platzt, reflexhaft das Gold wiederentdeckt wird als letzter und verlässlichster Wert, zeigt, wie lebendig die alte Vorstellung von anfälliger Oberfläche und unveränderlich-ewiger Tiefe noch heute ist.

Ein anderes Beispiel, wie die Dinge unterirdisch in Verbindung miteinander stehen, zeigt die Geschichte der modernen Architektur.

Im traditionellen Haus ist der Keller die Verankerung im Boden, so wie das Satteldach den Abschluss und Schutz nach oben bildet. Dass beide Raumtypen als Aufenthaltsort von Gespenstern galten, musste sie den Aufklärern in der Architektur verdächtig machen. Dass sie auch einem praktischen Zweck, der Vorratslagerung, dienten, erschien bedeutungslos, denn die aufgeklärte, pazifizierte und nach allen Seiten hin offene Menschheit war überzeugt, solcher Schutz- und Trutzburgen nicht mehr zu bedürfen.

So vollzog der kellerlose flachdachige Bungalow, der Prototyp der modernen Wohnarchitektur, im Häuserbau, was die Abschaffung des Goldstandards im Währungssystem war. Der Verzicht auf Verankerung/Fundamentierung hat in beiden Feldern neue Horizonte der Grenzenlosigkeit, der Phantasie, der Spekulation eröffnet. Es hat eine Weile gedauert, bis die Risiken der dies alles ermöglichenden Kartenhausbauweise bemerkt wurden.

Das erste Gesetz der Energie: Sie ist unzerstörbar

In der Imagination des klassischen industriellen Zeitalters war die Steinkohle das schwarze Gold. Aber tatsächlich war sie mehr, setzte sie doch nicht nur menschliche Leidenschaften wie Hab- und Profitgier in Bewegung, sondern die reichtumproduzierende technische Maschinerie selber. Sie war der an Masse und Macht nicht zu überbietende Beleg für das erste Gesetz der Energie: dass Energie, wie Materie, unzerstörbar ist und lediglich ihre Erscheinungsformen und ihre Träger wechselt.

Nichts war natürlicher für das naturwissenschaftlich fixierte 19. Jahrhundert, als sich die Kohlenlager in der Tiefe/im Erdinnern als Ablagerungen der Sonnenenergie vor Jahrmillionen vorzustellen. Die Steinkohlelager waren wie ein gigantisches Atlantis versunkener und nur mehr zu hebender Energien. Es war, als wäre die Sonne nicht im alltäglich-astronomischen Sinne untergegangen, sondern auf einmalige Weise verpflanzt ins Erdinnere. Zeitgenössische Abbildungen aus dem 19. Jahrhundert zeigen die Urwälder des Kohlenzeitalters kaum unterscheidbar von den

Illustrationen des afrikanischen und südamerikanischen Tropenwalds, der gleichzeitig die Phantasie des überzivilisierten Westens beschäftigte.

Anstelle der mittelalterlichen Hölle enthielt das Erdinnere nun (in räumlich-zeitlicher Verschiebung) eine exotische Urlandschaft. Man halte die Abbildungen der Kohlenwälder und die Tropenphantasien eines Henri Rousseau Le Douanier nebeneinander, und man erhält einen Begriff von der Projektion der Phantasien der Ober- und Gegenwartswelt des 19. Jahrhunderts auf die Unter- und Vorwelt.

Wie das 19. Jahrhundert das Jahrhundert der Industrie war, so war es auch das der Archäologie. Beide – der Modernisierungsschub und die Hervorholung des Untergegangenen – gingen Hand in Hand. Wie die Psychoanalyse als archäologische Aufarbeitung der Tiefenschichten der Seele verstanden, angeboten und gesellschaftlich höchst erfolgreich wurde, so ließ sich der Drang nach unten als eine Art selbsttherapeutische Gegensteuerung zur Verbrauchtheit, Verdinglichung, Bürokratisierung oder, wie es zeitgenössisch hieß: zur Dekadenz des Lebens auf der Oberfläche verstehen. Die Unterwelt wurde, noch während die letzten Forschungsexpeditionen nach Afrika aufbrachen, zum letzten unbekannten und seiner Erforschung harrenden Kontinent. Dass in der nun entstehenden Science-Fiction der Himmel – die Raumfahrt – zum zweiten Schauplatz wurde, wiederholte nur die alte Polarität von Gott und Satan. Neu und eine Errungenschaft der Archäologie war, dass die Unterwelt nun positive, wenn auch nicht ungemischt positive, Züge annahm. Sie wurde der Gegenentwurf zur in die Krise geratenen Oberwelt.

Das 19. Jahrhundert war auch das Jahrhundert der Archäologie

Beginnen wir mit Edward Bulwer-Lytton, dem Autor des ersten archäologischen Bestsellers „Die letzten Tage von Pompeji" (1834).

Fünfunddreißig Jahre nachdem er seine Leser in die untergegangene (und erst kurz zuvor archäologisch wiederentdeckte) Welt dieses römischen Atlantis geführt hatte, schlug er die entgegengesetzte Richtung ein. Sein Roman „The Coming Race“ (Die neue Rasse, besser: Der neue Mensch) handelt von einer futuristisch-utopischen Welt, in der der Erzähler, beim Abstieg in einen Bergwerksschacht in Ohnmacht fallend, erwacht. Es ist die unterirdische Vorwegnahme von Aldous Huxleys sechzig Jahre späterer „Brave New World“. Eine Zivilisation, in der alles aufs höchste technisiert und verfeinert ist. Ordnung, Hygiene, Komfort beherrschen das Leben. Verbrechen und andere Unvollkommenheiten und Unregelmäßigkeiten sind restlos beseitigt. Aber es gibt auch keine menschlichen Gefühle und Leidenschaft. Alles ist monoton. Das einförmig-elektrische Kunstlicht, das an die Stelle der Sonne und des Sternenhimmels getreten ist, nimmt die totalitäre Aura aller späteren Science-Fiction-Utopien vorweg.

Die Expedition als Zeit-Raum-Maschine

Jules Verne, der Vater der Science-Fiction-Literatur, hat zwei Untergrund-Romane geschrieben. Der bekanntere, „Die Reise zum Mittelpunkt der Erde“, ist die Geschichte einer Expedition nicht in die Zukunft, sondern in die Vorgeschichte. Die Expedition übernimmt hier die Rolle einer Zeit-Raum-Maschine, die die durchquerten geologischen Formationen in das zurückverwandelt, woraus sie einmal entstanden waren: die Urwälder, Sumpf- und Seenlandschaften des Kohlezeitalters.

Gegenüber diesem reizvollen Gedankenexperiment ist Vernes weniger bekannte Untergrund-Utopie „Les Indes noires“ (1877) für unseren Zusammenhang von ungleich größerem Interesse. Ja, man kann sich den Roman vorstellen als Pflichtlektüre für alle, die mit der Auflösung einer alten Industrie und der Entwicklung eines neuen Konzepts zu tun haben. Er handelt von einer wegen Erschöpfung der

Kohleflöze stillgelegten Schachtanlage. Einige engagierte Bergarbeiter, die nicht aufgeben wollen und auf eigene Faust nach neuen Lagern suchen, entdecken dabei eine riesige unterirdische Höhle. Nachdem sie auch noch neue Kohleschichten entdeckt haben, begründen sie auf dieser ökonomischen Basis eine von der Oberwelt unabhängige ideale Lebens- und Arbeitsgemeinschaft. Man sieht, wo die Grenzlinie zwischen Restauration des Alten und Innovation verläuft. Die Ökonomie dieser unterirdischen Polis-Gemeinschaft ist die alte: Kohleförderung. Aber die Lebensformen sind neu. Nicht futuristisch, wie in Bulwer-Lyttons Roman, auch nicht sozialistisch wie die Entwürfe Robert Owens und Charles Fouriers, sondern romantisch-nostalgisch auf der Basis fortgeschrittenster Technik, vor- und zugleich postindustriell. Der moderne Leser erkennt in der Vorliebe, die die Bewohner dieser Welt für rustikal-heimelige Wohnstätten haben, Züge der heutigen Umwandlung industrieller Architektur in Wohnarchitektur. Die umfunktionierte Kohlegrube erscheint als eine Art großes gentrifiziertes Loft.

Die Kohlegrube als großes gentrifiziertes Loft

Unsere dritte Unterwelt-Utopie stammt aus der Feder des französischen Soziologen-Philosophen Gabriel Tarde. „Fragment d'histoire future“ (1896) beschreibt den Rückzug der von einer Klimakatastrophe (Erlöschen der Sonne) heimgesuchten Menschheit unter die Erde. Während ein gewaltiger polarer Eispanzer die Erdoberfläche unbewohnbar macht, zieht sich der überlebende Teil der Menschheit ins Erdinnere zurück und baut es zu einer – wiederum Huxley vorwegnehmenden – total regulierten heilen Welt aus. Es kommt zu einer Reihe von Inversionen des Normal-Irdischen. Etwa der Umkehrung des Bergbaus, indem nun vom Erdinnern aus Schächte an die Oberfläche getrieben werden, um dort die tiefgefrorene Fauna und Flora als Lebensmittel zu schürfen. Fortschritt ist in dieser Welt die Expansion nach innen. Da die Erkaltung von außen fortschreitet, bleibt nur das Näherrücken der Menschheit an den Glutkern der Erde wie an einen gigantischen Heizofen.

Irgendwann, so die unüberhörbare Botschaft des Romans, muss der Weg in die warme Mitte sein Ende finden, spätestens, wenn diese Mitte erreicht ist und es nicht weitergeht. Diese frühe Version, oder vielmehr Richtungs-Inversion, des Themas des nahenden Endes der Ressourcen versetzt auch noch – oder gerade – den heutigen Leser in Schwindel.

Alices Fall ins Wunderland

Womit wir uns unvermutet in der Anfangsszene von Lewis Carrolls „Alice im Wunderland" befinden.

In einem Zustand von Wachsein und Träumen erblickt Alice das weiße Kaninchen. Sie folgt ihm in seinen unterirdischen Bau. Dann geht es ins Bodenlose. Der Schacht, durch den sie fällt, könnte zu einem Bergwerk gehören, wenn die Wände nicht mit Regalen voller Alltagsdinge gepflastert wären. So wird ihr Fall ins Wunderland („Down, down, down. Would the fall never come to an end!") zur Durchquerung einer quasigeologischen Zivilisationsschicht, einer Variante des Abstiegs in den Mahlstrom Edgar Allan Poes.

Die Kuriositäten, Absurditäten und Monstrositäten, die Alice im Wunderland begegnen, sind aus der Phantasmagorie des Westens nicht mehr wegzudenken. Jede Generation in den 140 Jahren seit der Veröffentlichung entdeckt diese surreale Welt für sich neu. Dabei wird, was zu Zeiten Lewis Carrolls nur in der Phantasie möglich war, zunehmend technisch machbar. Es folgt, beginnend mit Walt Disney, eine immer mehr sich beschleunigende Annäherung der technisch produzierten Realität an die Surrealität/Phantasie. Dass es ein Grinsen gibt, das losgelöst und unabhängig vom Gesicht des/der Grinsenden ein eigenes Dasein führt – wie das von Alices Gesprächspartnerin, der Grinskatze –, ist heute fester Bestandteil der elektronischen Alltagsphantasietechnik.

Ein Klassiker aber wäre kein Klassiker, wenn die ihm folgende Technorealität ihn je einholte.

Die tyrannisch und blutdürstig auftrumpfende Königin und ihren Hofstaat vorzuführen, um sie anschließend als das, was sie wirklich sind – Spielkartenfiguren –, auffliegen zu lassen, ist nach wie vor nicht nur der beste antiautoritäre Impfschutz für Kinder, sondern kann jederzeit auch seine heilsame Wirkung in der Erwachsenenwelt haben. Besonders, wenn spekulative Blasen in der Ökonomie und große Sprünge in der Technik Ausmaße des Bedrohlichen und zugleich Phantastischen erreichen wie in der gegenwärtigen nächsten Gesellschaft, die allem Anschein nach nur durch das stete Vorhandensein und Mitführen von (anderen) Möglichkeiten einigermaßen im Lot zu halten ist.

Dieses Paradoxon und die Fähigkeit, mit ihm umzugehen, mit ihm zu kalkulieren, eröffnet einen Raum, ein Wunderland, in dem das Fallenlassen, das Vergessen, das Staunen, das Weiterlaufen von Alice ein passenderes Verhaltensrepertoire sein wird als Kontrolle, Routine und Stehenbleiben. Dieser Raum der Möglichkeiten wird auch, so viel Vision sei gewagt, neue „wonderlands" hervorbringen und ihrer bedürfen.

Der Raum der Möglichkeiten wird neue Wunderländer hervorbringen

Einstweilen empfiehlt es sich, zur Immunisierung, Kräftigung und seelisch-geistigen Verarbeitung Geschichten wie „Alice im Wunderland" und Platons Höhlengleichnis wieder hervorzuholen.

Im Untergrund angesiedelt, also Untergrundgeschichten beide, lassen sie die Normalwelt des Oben in radikal neuer Gestalt erscheinen. Sie versetzen den Leser in eine Distanz, eine innere Freiheit, einen Vorstellungshorizont, wie keine Gipfelperspektive, die ja nichts weiter ist als Erhebung über die Oberfläche, sie bieten kann.

BIRGER P. PRIDDAT, 1950 in Leuna geboren, ist Ökonom und Philosoph. 1969 verließ er kurz vor dem Abitur das Gymnasium in Uelzen und ging nach Paris, begann ein Kunststudium in Hamburg, arbeitete im Stahlbau und auf einer Werft. Schließlich holte er das Abitur nach und studierte von 1974 bis 1979 Volkswirtschaftslehre, Philosophie und Arbeitspsychologie an der Universität Hamburg. 1991 erhielt er einen Ruf auf den Lehrstuhl für Volkswirtschaft und Philosophie der Wirtschaftswissenschaftlichen Fakultät an der Universität Witten/Herdecke. 2004 wechselte Priddat an die neu gegründete Zeppelin University in Friedrichshafen, kehrte aber im August 2007 als Präsident der Universität Witten/Herdecke zurück.

Priddat hat etliche Ämter in Gremien und Verbänden inne und ist als Berater tätig. So war er ab 2000 Berater von Bundeskanzler Schröder für die Themenkomplexe Zivilgesellschaft und New Governance und 2005 Mitglied der Arbeitsgruppe Elitenintegration an der Berlin-Brandenburgischen Akademie der Wissenschaften.

Eine Vision von Verknüpfungen

Das Ruhrgebiet scheint für lange Zeit visionslos gewesen zu sein. Oder es macht seine industrielle Vergangenheit zur Industriekultur, die man touristisch besichtigen kann. Die Zukunft des Ruhrgebietes, so schien es, war eine Zukunft seiner Vergangenheit. Als ich 1991 an der Universität Witten/Herdecke anfing, erzählte mir ein lokaler Politiker, dass er lieber ein Bergwerk haben wollte statt einer Universität. Immerhin hatte ich begriffen, dass das mit den Visionen schwierig werden würde.

Die Kohle ist inzwischen im Wesentlichen abgeräumt, die Landschaft wieder einigermaßen frisch gewaschen, das Verkehrsaufkommen wächst, Hoffnung macht sich breit – aber worauf?

Natürlich liegt es nahe, das Ruhrgebiet als Knotenpunkt Europas zu sehen. Logistisch ist es das bereits: Hier führen alle Verkehrsverbindungen Europas durch – Bahn, Straßen, Wasserwege. Das Ruhrgebiet ist einer der größten Umschlagplätze Europas, eine Handelsdrehscheibe. Dass man über die Nutzung der alten Industriebahnen nachdenkt, die Autobahnen verbreitert, die Wasserwege längst ausgebaut hat, ist ein infrastrukturelles Plus, das bloß noch keinen Begriff von sich gewonnen hat.

Das Ruhrgebiet als große Lagerhalle mit An- und Abfahrt?

Diese logistische Dimension ist zwar nicht mehr industriell gefärbt, sondern schon eine reine Dienstleistungsdimension, aber erst einmal nichts weiter als potenzierte Gegenwart. Das reicht allerdings für eine Vision beileibe nicht: das Ruhrgebiet als große Lagerhalle mit An- und Abfahrt?

Visionen können nicht allein die alten Potentiale betrachten. Der Möglichkeitsraum Ruhr muss sich bewähren können ohne weiteren Rückgriff auf die Reserven in der

Wir holen nichts mehr aus der Tiefe, sondern verteilen in horizontale Netzwerke

Tiefe. Der Traum des schwarzen Goldes hat keine Zukunft; die Industrie sehr wohl: aber als Hightech-Industrie. Des Feuers Macht ist nicht mehr in den Hochöfen gelagert, sondern eher in den Köpfen – einer noch auszubildenden und auszuweitenden high level workmanship.

Je weniger wir in die Tiefe von Erzen, Kohle und anderen Materien dringen, je mehr wir uns von der klassischen Industrie verabschieden, je mehr wir in neue Dimensionen der high tech industry gehen, von Stark- auf Schwachstrom wechseln, weit schon innerhalb der Wissensgesellschaft, begleitet von einer Service-Welt, desto mehr gehen wir von einer vertikalen Dimension in eine horizontale. Wir holen nichts mehr aus der Tiefe, sondern verteilen unser Wissen und unsere Kompetenzen in horizontale Netzwerke. In Netzwerken sind die Knoten wichtig: an die sich andere wenden. Wer sind, in den Visionen, auch in der Vision Ruhr, die Knoten? Wer sind die entscheidenden Vermittler und Verknüpfer?

Doch sind das nicht Visionen von der Stange, die man für andere Standorte genauso hören kann? Die drei Branchen Energie, Werkstoffe und Logistik als Metakompetenzfeld zu sehen, ist noch ebenso industriell wie zugleich metaindustriell gedacht. Man bündelt das, was vorhanden ist, zu einem Potential. Aber ist das Potential nicht immer auch etwas, das weit darüber hinausweist, was vorhanden ist?

Dass das Ruhrgebiet viel Energie braucht, ist unumstritten; aber wird sie auch hier hergestellt? Die auslaufende Kohle, auch die Braunkohle, sind keine Energiebasen, auf denen das Ruhrgebiet ruhen kann. Der alte Bergschatz: die Kohle, ist jetzt ein Märchen geworden. Sonne, Wind und Wasser sind ebenfalls keine ausreichenden oder typischen Energieformen. Energie wird für das Ruhrgebiet zum Importartikel. Nicht die Produktion – außer wir würden

Atomkraftwerke favorisieren –, sondern der intelligente Verbrauch wird das Metathema der Metropole Ruhr – für die Industrien selbst wie für die Endverbraucher. So wie im Ruhrgebiet in den 70er Jahren durch hochwertige Filtertechnologien die Abgasverschmutzung der Industrien beendet werden konnte, so können wir demnächst ein Labor öko-energetischer Minimierung werden – natürlich als exportfähige Industrieproduktion konzipiert, z. B. für die USA, die demnächst hohe Nachfrage nach ökologischer Technologie entwickeln wird.

Dass wir das, was wir exportieren wollen, bei uns selbst erst einmal ausprobieren, sollte nach dem furiosen Scheitern der Transrapid-Technologie selbstverständlich geworden sein. Überdurchschnittliches Wachstum ist ein glorreiches Ziel: aber mit welchen Produkten? Dass wir das verkaufen, was wir momentan verkaufen, ist beachtenswert; aber welche Zukunftsmärkte entwickeln wir bereits jetzt?

Sind wir, um bei einem dieser möglichen Zukunftsprodukte anzukommen, bereit, zum Beispiel in die Nanotechnologie zu investieren? Sind die Beziehungen zwischen Universitäten, Forschungsinstitutionen und Wirtschaft gut genug ausgebaut, um in diese emerging markets hineingehen zu können? Drückt die Nanotechnologie der zukünftigen Ruhrgebietswirtschaft ihren Stempel auf? Was ist mit biotech, medtech, gentech, biomed? Und was mit pharmaceutical design?

Welche Zukunftsmärkte entwickeln wir jetzt?

Wenn man das Ruhrgebiet zur gesündesten Region Deutschlands mit der besten medizinischen Versorgung des Landes machen will, bedeutet das nicht nur die Reorganisation der medizinischen Versorgung, sondern vor allem Forschung und Entwicklung in diesen high-tech medical dimensions. Hier brauchen wir neue Verknüpfungen von Klinik und Forschung. Welche Fusionen, welche strategischen Allianzen, welche joint ventures sind hier geplant? Wer plant hier überhaupt? Welche Muster, Cluster, welche Kompetenzcenter entstehen?

Die Gesundheitsversorgung selbst ist noch wenig konturiert. Pflege und Wellness sind noch zu sehr von der Standardmedizin getrennt. Klug über die Landschaft verteilt müssten – wenn wir hier in eine Vision gehen wollen – trianguläre Gesundheitseinheiten aufgebaut werden: Mischungen von Standard- und Komplementärmedizin plus Wellness in einem Haus, in der Mitte eine Hotelstruktur (anstelle des klassischen Krankenhauses). Statt dezentraler Fachkompetenzverteilungen im Gesundheitswesen können wir dann in lokalen Schwerpunktthemen diagnostische Synergien entwickeln und eine therapeutische Vielfalt bieten, über die der einzelne Arzt nicht verfügt. Wenn wir das noch mit Pflegeeinrichtungen verbinden, mit speziellen Demenzkrankenstationen und Hospizen, können wir eine neue Art der Gesundheitswertschöpfungskette entwickeln, die vor allem auch die Prävention effizienter bearbeiten kann.

Eine neue Art der Wertschöpfungskette in der Gesundheit

Diese triangulären Gesundheitsstationen arbeiten zu 2/3 bereits auf privatwirtschaftlicher Basis: Komplementärmedizin wie Wellness werden jetzt schon privat bezahlt. Die Frage, was man privat zuzahlt für exzellente medizinische Leistungen, wird eingebettet in Vorgänge, die das schon immer tun. Und man muss den Patienten die Wahl lassen zwischen den Therapien, was umso leichter fiele, wenn sie in den triangulären Stationen sowieso angeboten würden – in einem Haus (und bei Offenlegung von – alternativen – Kostenvoranschlägen). Gesundheit fängt nicht bei der Krankheit an und hört nicht auf, wenn man geheilt ist.

Die Vision lautet, Krankheit nicht als Schadensfall zu betrachten, sondern Gesundheit als einen Prozess der Lebensführung, den man nicht automatisch lernt, sondern für den man (zum Beispiel) seinen Urlaub zur Verfügung stellt, um im Wechsel von Diagnose, Prävention, Therapie und Wellness ein ausgeglichener und gut konditionierter Mensch zu werden. Die Gesundheitswelt sollte, so die Vision, eine Welt des guten Lebens werden, die nicht nur physische, sondern auch psychische, seelische und intellektuelle Einsichten fördert. Deswegen sind die triangulären Gesundheitsstationen eigentlich quartiäre: die die Seele mitbehandeln. Ich nenne absichtlich hier den älteren Begriff der Seele, weil er eine große Extension hat, einschließlich der Religiosität.

Hier schließt sich die Dienstleistungswelt – Medizin ist wesentlich Dienstleistung – mit der Wissensgesellschaft zusammen: Nur wenn wir wissen, wer wir sind beziehungsweise sein können, wissen wir zu leben und damit mit unseren Krankheiten umzugehen. Die Vision der quartiären Gesundheitsstationen definiert diese Orte als epistemologische Zentren, die Krankheit nicht nur über Medizin auflösen, sondern über Erkenntnisse der gesellschaftlichen und individuellen Lebenslagen. Es sind gleichsam Schulen des Lebens.

Man sieht, dass die Vision Ruhr wesentlich eine Vision von Verknüpfungen darstellt. Es ist die gleiche Art von Verknüpfungen, die man bemängelt, wenn zwei Städte, die im Ruhrgebiet eng beieinander liegen, keine gemeinsamen Verkehrssysteme entwickeln können, kein gemeinsames Sportstättenmanagement, keine gemeinsame Kulturpolitik etc. Vernetzung heißt, das, was zusammenarbeiten kann, über die lokalen Besitzstände hinaus in Kooperation zu bringen. Das Potential der Vision Ruhr ist verschenkt, wenn die lokalen Besitzstände keine Synergien zulassen. Natürlich haben wir es beim Ruhrgebiet mit einer Megacity zu tun, die keine eigene solitäre Verwaltung haben muss, aber eine Koordination arbeitsteiliger Prozesse braucht, die das Potential in einem viel höheren Maße ausschöpfen kann als die begrenzten Wiederholungen scheinselbständiger Eigenheiten.

Das Potential ist verschenkt ohne Synergien

Reicht es aus, die F&E-Investitionen zu erhöhen?

Das dritte Metakompetenzfeld, Werkstoffe, mag Raum geben für die Nanotechnologie. Hier ist die Stahlproduktion möglicherweise führend – auch ein Importartikel, der im Ruhrgebiet hochkompetent veredelt werden kann, neben der Chemie. Das Ruhrgebiet hat ein hohes Potential, aber nutzt es das auch? Gibt es hier eine Megacity-Forschungspolitik? Welche Investitionen in Grundlagen- und angewandte Forschung werden hierfür getätigt? Reicht es aus, dafür die F&E-Investitionen zu erhöhen? Müssen hierfür nicht neue Forschungsinstitutionen gegründet werden, die so attraktiv sind, dass sie von international ausgezeichneten Forschern angelaufen werden?

Es reicht letzthin nicht, etwas mehr in Forschung zu investieren. Um eine internationale Vorreiterrolle zu spielen, brauchen wir höchstwertige Forschung, die letztlich danach bemessen wird, ob sie für internationale Forscher interessant ist. Dass wir hier noch Einiges an Arbeitsbedingungen, Gehalt, kulturellem Milieu, Offenheit gegenüber Ausländern usw. verbessern müssen, dürfte offensichtlich sein. Internationale Vorreiterrolle bedeutet auch: Internationalisierung vor Ort.

Oder um genauer zu sein: Unsere Vision reicht nicht von vornherein aus, um in einem Internationalisierungskontext zu bestehen. Globalisierung heißt nicht, dass wir lediglich unsere Exporterfolge fortsetzen, also anderen Ländern unsere Güter liefern. Globalisierung heißt vornehmlich, dass wir andere Länder, andere Wirtschaften, andere Wissenschaftler einladen, bei uns, in unserem Land, präsent zu werden. Globalisierung findet erst dann tatsächlich statt, wenn chinesische Investoren in ihrer deutschen Firma sich an den Betriebsrat gewöhnen müssen. Und wenn internationale Forscher auf den Verwaltungen sich in Englisch verständigen können.

Und wenn das Schul- und Kindertagesstättenangebot für die Kinder dieser Forscher so exzellent ist, dass sie ihre

Kinder gerne von 8 bis 17 Uhr dort betreut und unterrichtet wissen wollen.

Die Vision Ruhr vollendet sich als eine Vision der Verknüpfungen: nicht nur Parallelprozesse in Gang setzen, sondern Interferenzen zwischen Energie, Werkstoffen und Logistik schwingen zu lassen, überkreuzt mit Gesundheit, Bildung und Internationalität. Universitäten – um einen Knoten dieser Vernetzungen herauszugreifen – stellen Verbindungen her, die sich untereinander so nicht selbstverständlich bilden. Universitäten sind die Überlappungsorte (um einen besseren Namen für die Transdisziplinarität zu finden) oder genauer: Scharniere zwischen den Dimensionen, die sich kennenlernen und ihre Synergien sichtbar gemacht bekommen. Das setzt voraus, dass die Universitäten sich als Verknüpfungsarenen einüben, wie z. B. Witten/Herdecke. So werden Möglichkeitsräume hergestellt (einer muss sie schließlich – ganz pragmatisch – anbieten).

Das Ruhrgebiet ist noch viel zu deutsch

Dafür, dass das Ruhrgebiet das Herz von Europa sein könnte, ist es noch viel zu deutsch; selbst die Visionen sind vielleicht noch viel zu regionalistisch ausgelegt. Nicht allein, dass wir hier investieren und entwickeln, ist entscheidend für die Wachstumsvision, sondern was andere bereit sind, hier zu investieren. Wie attraktiv ist das Ruhrgebiet für ausländisches Kapital? Für wie viel Öffnung sind wir bereit?

PROF. NORBERT BOLZ wurde 1953 in Ludwigshafen geboren. Er studierte in Mannheim, Heidelberg und Berlin Philosophie, Germanistik, Anglistik und Religionswissenschaften und promovierte mit einer Arbeit über die Ästhetik Theodor W. Adornos bei dem Religionsphilosophen Jacob Taubes, dessen Assistent er wurde. Von 1992 bis 2002 war Bolz Universitätsprofessor für Kommunikationstheorie am Institut für Kunst- und Designwissenschaften der Universität GH Essen. Seit dem Wintersemester 2002/03 lehrt er an der Technischen Universität Berlin. Zu seinen Veröffentlichungen zählen unter anderem „Das konsumistische Manifest" und „Blindflug mit Zuschauer".

Auf dem Markt der Gefühle

Um die produktiven Arbeiter, kreativen Köpfe und zahlungskräftigen Touristen ist zwischen den Regionen Europas ein heftiger Kampf entbrannt. Wo studiere ich – in Duisburg-Essen oder doch besser in Groningen? Wo gibt es die interessantesten Jobs – in der Welt der Kumpels oder doch bei denen, die alles können außer Hochdeutsch? Wohin reise ich übers Wochenende – ins Ruhrgebiet oder doch wieder nach Berlin?

Natürlich spielen Informationen über technisch-sachliche Dinge bei diesen Entscheidungen eine große Rolle. Doch Information allein genügt nicht. Wer den Kampf um Aufmerksamkeit im 21. Jahrhundert gewinnen will, muss nicht nur informieren, sondern auch faszinieren. Und wenn wir uns im Folgenden die Frage stellen, wie die Marke Neues Ruhrgebiet kommuniziert werden könnte, dann müssen wir uns vor allem fragen, wo die Faszinationswerte dieser Region liegen.

Die Lebenswelt der Metropolen des 21. Jahrhunderts hat eine High-Tech-Dimension und eine High-Touch-Dimension. In der High-Tech-Dimension geht es um Kommunikation und Mobilität, also einerseits um die Netzwerke der „Telepolis" und ihre Feedback-Architekturen – die Welt zu Hause! – und andererseits um Reisen, Passagierzonen und nomadisches Leben – in der ganzen Welt zu Hause! In der High-Touch-Dimension geht es um Spiritualität und das gute Leben, also einerseits um Sinnstiftung, Bildung und Ideen – meine Geschichte! – und andererseits um Gesundheit und die Sorge um sich – meine Identität!

Die Metropolen des 21. Jahrhunderts haben eine High-Tech- und eine High-Touch-Dimension

Natürlich wird es immer viele Menschen geben, die leben, wo sie leben, weil sie dorthin „geworfen" wurden. Aber immer mehr Menschen – und zwar gerade die kreativsten und produktivsten – leben, wo sie leben, weil sie diesen Ort „gewählt" haben. Um diese Wahl zu beeinflussen, muss man in jenen Lebensweltdimensionen faszinierende Angebote unterbreiten.

Riesige Objekte, die wie gestrandete Raumschiffe aussehen

Gästen ist das Ruhrgebiet immer als riesengroße Stadt erschienen – eine Megastadt mit erstaunlich viel Grün und gespickt mit gewaltigen Ikonen des Industriezeitalters. Größe zählt. Der Philosoph Jean Baudrillard hat von einer ekstatischen Satellitisierung der urbanen Räume gesprochen. Sie werden nicht mehr bebaut und rhythmisch strukturiert, sondern von riesigen Objekten besetzt, die wie die gelandeten Raumschiffe aussehen – man denke an das Centro Oberhausen. Das ist Kulturkritikern ein Dorn im Auge.

Es gibt einen antimonumentalen Affekt. Er ist mindestens so alt wie das moderne Amerika mit seiner chromblitzenden Schönheit der Straßenkreuzer, der Erhabenheit transparenter Stahlbrücken und den kathedralischen Türmen Manhattans. Alteuropäischem Empfinden zeigten solche Metropolen immer schon den Unheilsweg der Architektur vom Monumentalen zum Monströsen. Soweit der antimonumentale Affekt spezifisch deutsch gefärbt ist, geht er natürlich auf unseren nachträglichen Antifaschismus zurück – nie wieder Speer.

Unsere Architekten müssen aber anerkennen, dass Größe imponiert, dass es eine Lust am Erhabenen gibt und dass, um den Psychologen Nietzsche zu zitieren, das Monumentale „zu allen Zeiten Effekt machen" wird. Und an dieser Stelle muss man gegen den Kiez-Fetischismus der Intellektuellen einmal ausdrücklich festhalten: Es gibt keine Urbanität ohne Monumentalität.

Schon im 19. Jahrhundert hatte der Dichter Charles Baudelaire erkannt, dass die Großstadt selbst einen religiösen Rausch erzeugen kann. Wer wirklich leben will, drängt zur Innenstadt, dem Punkt der äußersten Verdichtung und

Steigerung des Urbanen. Der Kulturanthropologe Arnold Gehlen hat den ökonomischen Grund genannt, warum in einer Wohlstandsgesellschaft alles in die Stadt drängt: „Ein hochqualifiziertes, teures und differenziertes Angebot, das ja nur für eine Minderheit interessant ist, ist wirtschaftlich überhaupt nur in dichtbesiedelten Gebieten auf Dauer aussichtsreich, also in großen Städten." Als Großstädter wohnt man nicht in einer Wohnung sondern in der Stadt, die nur noch als Ganzes zur Behausung wird. Mit anderen Worten: Der moderne Mensch hat Welt genau in dem Maße, als er sich von der Metropole konsumieren lässt.

Die monumentale Skyline von Manhattan ist auch heute noch das unüberbietbare Symbol der Stadt als Welt, der Weltstadt. Sie zu erleben – und sei es auch nur in der verkleinerten Version, die etwa vom Mainkaiufer in Frankfurt aus zu haben ist – weckt das Gefühl des Erhabenen. Bisher konnten wir das nur in Paris, London und New York erleben. Doch ist es heute nicht ein großartiges Gefühl, wenn man zum Beispiel am neuen Berliner Hauptbahnhof ankommt, zu Fuß die Spree überquert und dann an Kanzleramt und Reichstag vorbei zum Brandenburger Tor spaziert?

Man spottet in kulturkritischen Kreisen ja gern über Städtetouristen, aber sie haben ein untrügliches Gespür für die Faszinationswerte des Monumentalen. Es geht um Machtarchitektur, Repräsentationsbauten, kurz: um Architektur jenseits des Menschenmaßes. Monumentalität heißt nämlich vor allem Größe, und dem Effekt der Größe kann sich niemand entziehen. Es gibt niemanden, dem der Gasometer in Oberhausen nicht imponiert.

Man spottet in kulturkritischen Kreisen gern über Städtetouristen

Die Elbphilharmonie in Hamburg ist zurzeit vielleicht das eindrucksvollste Projekt der neuen Monumentalität. Doch auch Politik, Wirtschaft und Kirche erkennen heute wieder das Gute im Großen – man denke nur an die Frauenkirche in Dresden, das Kanzleramt in der Hauptstadt, Konsumkathedralen wie das Centro Oberhausen oder Alexa in Berlin, Markenwelten wie die von BMW in München oder die Volkswagen-„Autostadt" in Wolfsburg. Auch das Remake urbaner Ikonen (Berliner Stadtschloss und Braunschweiger Schloss) passt in dieses Bild. Schauen wir es uns am Beispiel Frauenkirche einmal genauer an.

Die Frauenkirche erstrahlt in altem Glanz. Sie wurde am Reformationstag sechzig Jahre nach dem Feuersturm wieder eingeweiht. Das ist mehr als nur ein kirchengeschichtliches oder stadtarchitektonisches Datum – der Wiederaufbau der Dresdner Frauenkirche signalisiert einen Mentalitätswandel. Der hundert Jahre alte Denkmalpflegerstreit darüber, ob man zerstörte Monumente der Vergangenheit restaurieren oder als zerfallene konservieren solle, hat in Deutschland eine Ruinen-Ästhetik gefördert, die in der Berliner Kaiser-Wilhelm-Gedächtniskirche ihr überragendes politisches Symbol gefunden hat. Mit der konservierten Ruine verbinden Intellektuelle und Politiker seit dem Zweiten Weltkrieg die Werte des Authentischen, der Mahnung und des Eingedenkens. Die Konservierung der Ruine ist politisch korrekt, ihr Wiederaufbau dagegen gilt als „frivol".

Wende vom konservativen Mahnmal zur restaurierten Ikone

Die Wende vom konservierten Mahnmal zur restaurierten Ikone verdankt sich im Fall der Dresdner Frauenkirche bekanntlich einer Bürgerinitiative, die vom Elan der deutschen Revolution 1989 getragen war. Doch auch die evangelisch-lutherische Kirche, die sich mit eineinhalbjähriger Verspätung dem Wiederaufbauprojekt anschloss, hat mittlerweile begriffen, um welches Bedeutsamkeitspotential es dabei geht: die große Rhetorik der Architektur. Mit Bauten kommuniziert man erfolgreich.

Es gibt längst den religiösen Tourismus der Jugendlichen, die zu Hunderttausenden aus aller Welt nach Rom oder Köln pilgern, um bei einem katholischen Woodstock dabei zu sein, aber auch den religiösen Tourismus der Erwachsenen, die in die Kirche gehen, weil sie sich davon spirituelle Unterhaltung versprechen. Im Klartext: Die Leute betreten die Kirche nicht mehr als Sünder, die auf Vergebung hoffen, sondern als Konsumenten, die auf einen spirituellen Mehrwert spekulieren.

Dieses Remake einer urbanen Ikone ist zum Glück kein Einzelfall. Ähnlich spektakuläre Effekte dürfen wir uns von der Rekonstruktion des Berliner Stadtschlosses erhoffen. Auch hier scheinen sich die Mahner, Warner und Bedenkenträger gegen die neue Mentalität des Wiederaufbaus nicht durchsetzen zu können. Bleibt die Frage: warum? Offenbar braucht unsere Gesellschaft Kultorte gerade deshalb, weil es rein technisch gesehen in der modernen Funktionswirklichkeit immer unwichtiger wird, wo ich wohne.

Die Internet-Gurus versprechen die „Placeless Society"

Es ist wohl unstrittig: Wirtschaft und Gesellschaft des 21. Jahrhunderts stehen im Zeichen von Computer, Telekommunikation und Virtual Reality. In dieser Welt der neuen Medien hat man für den menschlichen Körper nur die verächtliche Bezeichnung „Wetware" übrig, und Internet-Gurus versprechen die „Placeless Society", also eine Gesellschaft, in der Räume und Orte keine Rolle mehr spielen. Was zählt, ist Erreichbarkeit, nicht Anwesenheit; was zählt, ist Funktion, nicht Substanz.

Das sind für uns alle alltägliche Zumutungen, die man nur ertragen kann, wenn es dafür einen Ausgleich gibt. Deshalb ist unsere Kultur der Virtualisierung zugleich auch eine Kultur der Kultorte. Gerade weil unsere Gesellschaft sich heute zunehmend in virtuellen Realitäten organisiert, wird es zu einem kompensatorischen Kult des gestalteten Raumes kommen. Gerade weil sich die entscheidenden Prozesse unseres Lebens und Arbeitens in Immaterialitäten und Kommunikationen auflösen, brauchen wir Kultorte als Schauplätze des Sinns. Die Medienrevolution verlangt eine humane Kompensation: den gestalteten urbanen Raum.

Man sucht wieder Substanz, Symbol, Sinn und Identität

Der Kampf um die Aufmerksamkeit der Bürger wird durch die großen urbanen Ikonen entschieden. Das haben uns die Terroristen des 11. September ins Bewusstsein gebrannt. Der Angriff galt ja der Ikone des Weltkapitals. Ausgelöscht wurden nicht nur dreitausend Menschenleben und zwei babylonische Türme; es ging den Terroristen wohl vor allem um die symbolische Auslöschung der westlichen Zivilisation. Ein Akt ikonischer Zerstörung also – und auch dort: Wiederaufbau statt Mahnmal. Die Zerstörung soll nicht das letzte Wort behalten.

Dass die Kulturkritik angesichts dieser Initiativen eigentümlich kraftlos bleibt, zeigt wohl einen Wandel im öffentlichen Bewusstsein an. Offenbar gibt es ein Unbehagen am Funktionalismus; man sucht wieder Substanz, Symbol, Sinn und Identität. Wer eine Stätte sucht, lässt sich nicht mit einer Stelle abfinden. Und die Frage nach dem geschichtlichen Sein lässt sich offenbar nicht mehr mit dem Hinweis auf die Funktion erledigen. Mit der Architektur einer Stadt verknüpfen sich Herkunftsgeschichten als Medium für einen Kult der Identität. Und jede Identität hat die Form einer Geschichte. Es geht also nicht um Stadtplanung, sondern um – wie Organisationssoziologen heute gerne sagen: „Storying“. Doch welche Geschichte muss man erzählen?

Das Ruhrgebiet hat eine großartige Geschichte zu erzählen. Sie beginnt mit dem Aufbau der Montanindustrie, findet einen pathetischen Höhepunkt im Wiederaufbau nach dem Zweiten Weltkrieg – und muss nun ins 21. Jahrhundert hinein weitererzählt werden. Mit dem „blauen Himmel über dem Ruhrgebiet“ wurde vor Jahrzehnten ein erstes Marketingsignal gesetzt. Aber nun muss der Paradigmenwechsel von der Schwerindustrie zur intelligenten

Technologie überzeugend kommuniziert werden. Doch am Ende sind alle guten Storys Geschichten über Menschen, und so wird man auch das „Storying" des Neuen Ruhrgebiets an interessanten, glaubwürdigen Menschen festmachen müssen. Wer sind „unsere Besten"? Der Erfolg gleichnamiger Sendungen im Fernsehen zeigt, dass es ein tiefes Bedürfnis gibt, sich an hervorragenden Figuren der eigenen Lebenswelt zu orientieren.

Wir haben schon gesagt: Das Leben im Zeitalter der Weltkommunikation ist durch eine allgemeine Entortung charakterisiert. Denn in elektronischen Netzwerken ist das Zusammenleben der Menschen nicht mehr raumgebunden. Die neuen Lebensräume wie Cyberspace und Virtual Reality fordern als humane Kompensation architektonische Kultorte: den großen Platz, die Fußball-Arena, den Freizeitpark, die Abschirmung kleiner Paradiese. Nur die alten Medien können die Wunden heilen, die uns die neuen Medien geschlagen haben – und das älteste Medium ist die Architektur.

Leider ist das Bewusstsein der meisten deutschen Architekten nicht nur durch einen antimonumentalen, sondern auch durch einen antikommerziellen Affekt blockiert. Eine wesentliche Dimension der heutigen Architektur ist aber gerade die Ikonographie des Konsumismus. Mit anderen Worten: Der Markt ist der unsichtbare Architekt unserer Städte. Und wo sie hässlich sind, rächt es sich eben, dass die Architekten diese Welt des Konsums immer nur verachtet haben – es käme heute darauf an, sie zu verändern. Kluge Köpfe wie Jon Jerde und Rem Koolhaas haben erkannt, dass die Wiederbelebung der Stadt von den konsumbasierten öffentlichen Räumen ausgehen muss.

Der Markt ist der unsichtbare Architekt unserer Städte

Die Postmoderne ist paradoxerweise wieder ein Zeitalter der Stämme. Gerade weil alle Zeichen auf Globalisierung und Weltkommunikation stehen, brauchen die Menschen kulturelle Reservate der Vielfältigkeit. Urbane Gestaltung hat deshalb nur dann kulturelle Prägekraft, wenn sie sich in eine Stammesangelegenheit verwandelt. Hartmut Esslinger von der Firma Frog Design nennt das Tribal Design.

Nun ist ja Globalisierung der Name, mit dem sich unsere Gegenwart selbst benennt. Wie passt das mit „Stammes-Design" zusammen? Offenbar kann man die Herausforderungen der Globalisierung nur ertragen, wenn uns die Kultur eine humane Kompensation für die Zumutungen der Weltkommunikation anbietet. Was aber könnte Menschen noch verbinden, wenn geographische Grenzen, Geschichte, Tradition und Nationalstaatlichkeit keine Rolle mehr spielen? Die amerikanische Antwort ist klar: Community.

Dieser Community-Begriff verführt allerdings leicht zu einer Intim-Perspektive auf Gesellschaft: Man legt nur noch lokale Maßstäbe an und verklärt das heilige Ghetto. Meine These lautet deshalb: Die Gemeinschaft ist das Opium der Gesellschaft. Zu ihr gehört ja vor allem der Zusammengehörigkeitsaffekt, der Gefühlswert. Man orientiert sich aneinander aufgrund eines Gemeinschaftsgefühls. Community signalisiert Nestwärme, Menschlichkeit, überschaubare Verhältnisse, Tradition, Zugehörigkeit.

Die Postmoderne ist ein Zeitalter der Stämme

Diese Stämme und Communities formieren sich in erster Linie als Konsumgemeinschaften. In Essen warb ein Kaufhaus mit der wunderbar kontrafaktischen Formel: „Kein Kaufhaus. Weltanschauung." Die Einkaufszentren verwandeln sich in Schauplätze einer Wiederverzauberung der Welt, nach der wir uns gerade deshalb sehnen, weil jede Spur von Magie, Aura, Charisma und Zauber aus unserem aufgeklärten Alltag getilgt ist. Von der Mall of America bis zum Centro Oberhausen, von Nike Town in Chicago bis zum UNO Shopping in Linz – die Botschaft ist klar: Kaufen soll ein magisch-religiöses

Ritual werden. So kehren die Warenhäuser heute wieder an ihren Ursprung zurück: Die Pariser Passagen waren die ersten Kathedralen des Konsums.

Urbanität ist das eigentliche Thema des Shopping

Mall und Urban Entertainment Center sind heute die Gesamtkunstwerke des Konsums: Kaufen, Essen, Amüsieren. Sie rechtfertigen die Welt als ästhetisches Phänomen. In den Metropolen werden die Kaufhäuser zu Tempeln – und die Tempel zu Kaufhäusern. „Center" ist die Konsumkathedrale als Bündelung von Konsum- und Ereignischancen, als Architektur der „Mehrwerterlebnisse", in die man vor der häuslichen Langeweile flieht. Und „urban" ist es als kulturell angereicherte Shopping-Landschaft. Shopping ist heute die letzte öffentliche Handlung – und damit das eigentliche Organisationsprinzip einer Stadt. Es ist die Energie, die das Urbanitätserlebnis ermöglicht. Und umgekehrt gilt: Urbanität ist das eigentliche Thema des Shopping.

Urbanität ist ein Gefühl, das man gestalten kann. Das Emotional Design der Märkte zielt nicht nur auf Sensemaking, zu Deutsch: Sinnstiftung, sondern auf Heartmaking. So definiert einer der führenden Köpfe der Konsumarchitektur, Jon Jerde: „The promise of heartmaking is meaningful relatedness to place that engenders a sense of belonging, of well being." Die Verheißung des Heartmaking ist die bedeutsame Beziehung zu einem bestimmten Ort, die einen Sinn der Zugehörigkeit und des guten Lebens vermittelt.

Wenn aber die City für den Bürger aus Markenzonen besteht, dann wird die Stadt selbst zum Element des Markenmehrwerts – „Milano" steht auf der Einkaufstüte. So entwickelt sich das Shopping heute auch ganz konsequent zu einer Form des Tourismus: Man konsumiert Markenzonen; der berühmte Laden wird zur „destination". Markenzonen sind also Orte, an denen man das Konsumieren selbst konsumiert, d.h., der Konsum wird selbstbezüglich und damit autonom. Der Ku'damm in Berlin, „die Kö" in Düsseldorf oder die Magnificent Mile in Chicago sind längst klassische Beispiele dafür, dass der Schauplatz der Marken als eigene Marke erlebt werden kann.

Themenwelten als „containers for human interaction"

Es gibt offenbar eine Strukturverwandtschaft zwischen Marktplatz, Spielplatz und religiösem Kultort, die man mit dem amerikanischen Marketingbegriff Theming fassen kann. Das ist der Name für die Einsicht, dass inszenierte Erfahrung an Orte gebunden ist. Marc Gottdiener hat die These aufgestellt, dass wir es nach der Verdrängung des Symbolischen und Bedeutsamen durch das Designdiktat von Sachlichkeit und Funktionalismus heute mit einer Wiederkehr des Verdrängten in Form von „themed environments", also Themenwelten, zu tun haben.

Themenwelten bieten eine surreale Verdichtung des Erlebnisses – was dort geschieht, ist wirklicher als die Wirklichkeit. Mit anderen Worten, Themenwelten bieten Ersatzerfahrungen, die aber gar nicht nach Ersatz schmecken, sondern intensiver, weil dichter und störungsfreier als die Wirklichkeit sind. Themenwelten sind, so Marc Gottdieners schöne Definition, „containers for human interaction". Darin können wir die Wiederverzauberung der entzauberten Welt erleben.

Eine weitere Möglichkeit der Wiederverzauberung bietet sich unseren Städten in der Kultur der Festivals. Hier liefern die Metropolen der Welt heute eine Spitzenleistung des Stadtmarketing. Das Festival ist für eine Stadt das „Organ des Sich-Zeigens" (Adolf Portmann) – es funktioniert also ähnlich wie Mode und Kosmetik bei Frauen. Das Festival ist Spektakel, Event und Ritual zugleich. Als Spektakel befriedigt es die Schaulust und Neugier; als Event beschwört es die Aura des Einmaligen; als Ritual suggeriert es Sinnstiftung. Nirgendwo wird die Glücksverheißung der Stadt deutlicher: komprimierte Lebenschancen.

Spektakel und Event sind Inszenierungsformen, die deutlich machen, dass man das Festival als Rahmung des

Fests verstehen muss. In diesem Rahmen kann man die heimatlosen großen Gefühle kultivieren. Wie der Sport bietet das Festival ein „containment of excitement". Man erregt sich in den Grenzen der Spielzeit – Schalke 04! Denn die leidenschaftlichen Gefühle passen nicht mehr in unsere Alltagswelt. Und gerade deshalb hat das Emotional Design Hochkonjunktur. So muss jeder Oberbürgermeister heute lernen, dass erfolgreiches Verwaltungshandeln nicht mehr genügt. Er muss seine Stadt auf dem Markt der Gefühle verkaufen. „Branding Essen!"

Ein erfolgreicher Kommunalpolitiker verkauft heute seine Stadt auf dem Markt der Gefühle; das nennt man Stadtmarketing. Und bei dem Versuch, eine Stadt als Marke zu positionieren, spielt die Architektur natürlich die Schlüsselrolle. Doch damit das funktioniert, müssen die Architekten vom Elfenbeinturm in den Kontrollturm wechseln. Statt Architektur immer nur romantisch-kritisch in einer zerreißenden Spannung zwischen Kunst und Kommerz zu sehen, wäre es viel produktiver, das Verhältnis von Kreativität und wirtschaftlichen Interessen einmal als Steigerungsverhältnis zu sehen.

Die Architekten müssten vom Elfenbeinturm in den Kontrollturm wechseln

Die Kunst des Architekten ist Business Art im Sinne Andy Warhols: das Geschäft als Kunst. Er muss die lästige Konditionierung durch Fremdbedingungen wie knappes Budget und Bauherrenideen als Kreativitätstest bestehen. Denn kreativ ist nicht derjenige, der seiner Phantasie freien Lauf lässt, sondern derjenige, dem es gelingt, Beschränkungen und Rahmenbedingungen in Steigerungsbedingungen zu verwandeln – um es mit Nietzsche zu sagen: tanzen in Fesseln.

Wie kann es dem Marketing gelingen, die knappe Aufmerksamkeit der Touristen zu fesseln? Sicher nicht durch Information, sondern nur durch Faszination. Das Ruhrgebiet ist wie kaum eine andere Region geeignet, an seinen

Kultorten Mythos und Moderne gemeinsam zu inszenieren. Im Schlüsselbereich Design ist das schon hervorragend gelungen. Gerade Essen gilt mittlerweile international als Designzentrum. Aber die große Geschichte, die erzählt werden muss, nämlich die vom Paradigmenwechsel von der Schwerindustrie zur intelligenten Technologie, muss auch in den Massenmedien ankommen. Man bräuchte einen Post-Schimanski, eine populäre Figur, die nicht noch einmal eine Elegie auf Duisburg-Ruhrort singt, sondern den Sex-Appeal des neuen Ruhrgebiets glaubhaft verkörpert.

Man bräuchte eine populäre Figur, einen Post-Schimanski

Man bräuchte Markenbotschafter der Kulturhauptstadt Europas 2010 – „unsere Besten“. Das müssten prominente Menschen sein, die den Paradigmenwechsel von der Arbeiterklasse zur kreativen Klasse glaubwürdig verkörpern. Nichts wäre fataler als die Verwandlung des Ruhrgebiets in ein Museum der Technik und Industrie des 19. Jahrhunderts. Es geht nicht um die Romantik der Knappen, sondern um Identitätsangebote für das 21. Jahrhundert.

Je unwichtiger die Nationen heute werden, desto wichtiger wird für jeden Einzelnen die Identitätsbildung als „guter Europäer“ (Nietzsche) einerseits und als Stadtbürger andererseits. Formelhaft gesagt: Urbanität statt Nationalität. Urbanität ist undogmatisch. Sie entfaltet sich, wie schon der Philosoph Hegel sehr schön gesehen hat, im Dialog des „Weltmanns, der sich zu benehmen weiß“. Auch Oswald Spenglers Definition von Urbanität meint genau dies: „städtischer Geist ist freigewordenes Verstehen“.

Das World Trade Center war deshalb das richtige Symbol für die Furie des Zerstörens: Fundamentalismus ist der Angriff auf die Urbanität. Jede große Stadt stellt eine dynamische Einheit von Urbanität, Monetarismus und Intellektualismus dar. Postmoderne Urbanität lässt sich heute als eine Ellipse beschreiben, die um zwei Brennpunkte herum konstruiert ist: Wissensmanagement und Shopping – auf der einen Seite die Urban Headquarters, die Knotenpunkte der Wissensgesellschaft, auf der anderen Seite die Zauberwelten des Konsums.

Urbanität ist der Begriff für die Ganzqualität einer Stadt. Sucht man nach Erklärungen für das neue Interesse der Urbanität, so stößt man rasch auf den Zusammenhang von architektonischer Mobilmachung, gesellschaftlicher Modernisierung und medientechnischer Revolution. Besonders deutlich wird das an der Gestaltung von Arbeitsprozessen. Die Tendenz ist eindeutig: Die Arbeit emanzipiert sich vom Arbeitsplatz. Um das zu verstehen, muss man sich klarmachen: Die traditionelle Welt des Büros in der City war rational, stabil und verlässlich – aber ebendeshalb auch unflexibel und innovationsfeindlich.

Die Arbeit emanzipiert sich vom Arbeitsplatz

Genau dagegen richtet sich heute das Konzept des One Person Office. Der Teleworker sagt: Mein Büro ist, wo mein Modem ist. Solche Kommunikationsnomaden erscheinen zumeist auch als Kommunikationsmonaden. Ob es der Laptop im Flugzeug oder das Handy im Intercity-Großraumwagen ist – ad hoc entsteht das One Person Office, und der Rest der Welt versinkt. Gadgets wie der Nokia Communicator zeigen schon seit Jahren, wohin die Reise geht: Telefon, Fax, Computer, Internetanschluss – man trägt das Büro in der Hand.

Das klingt nach Freiheit. Aber sie hat ihren Preis: Die soziale Umwelt der Face-to-Face-Interaktion schrumpft. Wir können vermuten, dass sich im Büro der Zukunft die Schere zwischen Datenverarbeitung und Zwischenmenschlichkeit immer weiter öffnen wird. Unsere Gesellschaft macht gewaltige Fortschritte in Sachen Informationsverarbeitung, tritt aber „sozial" auf der Stelle.

Die Mobilmachung der Arbeit bis hin zum Grenzwert einer Emanzipation vom Arbeitsplatz zwingt dazu, neu darüber nachzudenken, was das Sein-in-Räumen eigentlich zu bieten hat. Architektur ist, wie Feldtkellers zu Recht betont hat, Einfriedung und Abschirmung. Das erfordert von Städteplanern und Architekten heute aber eine höchst komplexe Leistung. Denn modern ist die Abschirmung nur als Einheit von Schließung und Öffnung möglich. Nur der ist abgeschirmt, für den das Außen zugänglich bleibt. Die architektonische Aufgabe besteht also darin, Sicherheit und Zugänglichkeit zugleich zu gewährleisten. Das ist übrigens dasselbe Problem, das heute das Design des Internet zu lösen hat.

Mein Büro ist, wo mein Modem ist

Doch geht es hier nicht primär um technische Fragen, sondern um Fragen der Identität. Was bedeutet Sein-in-Räumen im Zeitalter der virtuellen Realitäten? Was bedeuten Kultorte im Zeitalter mobiler Kommunikation? Wir haben ja schon den Begriff der „Placeless Society“ diskutiert, in dem William Knoke unterstellt, es sei für die produktiven Menschen des 21. Jahrhunderts tatsächlich gleichgültig, wo sie sich konkret aufhalten. Das klingt für technisch denkende Menschen ganz logisch. Doch haben wir nun schon mehrfach darauf hingewiesen, dass Medienevolution und wirtschaftliche Globalisierung für den Menschen nicht nur unerhörte neue Lebenschancen bieten, sondern ihn auch psychisch überfordern. Für die Zumutungen der Internet-Gesellschaft brauchen Menschen einen Ausgleich, eine humane Kompensation.

Vor diesem Hintergrund ist es nicht mehr überraschend, dass der an der Universität von Toronto lehrende Richard Florida auf seiner Suche nach den Geheimnissen der Kreativität nun auf die Bedeutung von Städten hinweist. Gerade in einer globalisierten Welt wird die Bedeutung des geographischen Ortes nicht schwinden, sondern wachsen. Die Stadt, in der wir leben, entscheidet mit über unsere Identität. Deshalb ist die Frage, wo ich lebe, eine der wichtigsten Lebensentscheidungen überhaupt. In Metropolen konzentrieren sich Energie und Talent, und das führt zu urbanen Austauschprozessen, die die Kreativität eines jeden steigern.

So sammeln sich kreative Menschen an kreativen Orten. Und mit der Entscheidung, das Ruhrgebiet zur Kulturhauptstadt 2010 zu ernennen, ist deutlich geworden, dass auch ganze Regionen diesen Metropoleneffekt haben können.

In Metropolen konzentrieren sich Energie und Talent

Das Ruhrgebiet hat gerade aufgrund seiner großen Industriegeschichte beides zu bieten: die Toleranz für alternative Lebensstile und grandiose Architekturen, die Kultstatus haben. Man muss dies nur glaubwürdig kommunizieren. Als das Nachrichtenmagazin „Der Spiegel" in seiner Ausgabe vom 10. Mai 2008 über von der UNESCO geförderte Projekte berichtete, konnte der Leser eine Bildsequenz bewundern, die das Great Barrier Reef in Australien, die Terrakotta-Armee aus der Qin-Dynastie, einen vom Aussterben bedrohten Giftfrosch, ein Modell der menschlichen DNS, den Fürst-Pückler-Park in Muskau, eine Grundschule in Kambodscha zeigt – und den Förderturm der Zeche Zollverein! Mit diesem Selbstbewusstsein muss man die Marke Neues Ruhrgebiet kommunizieren.

CHRISTOPH PECK wurde 1948 in Oberkirchen im Sauerland geboren, wuchs in Essen auf und studierte in Köln Germanistik und Philosophie. Von 1970 an arbeitete er für verschiedene Tageszeitungen und ging 1982 nach Hamburg zum „Spiegel", wo er für die Ressorts Politik und Kultur schrieb. Nach zwei weiteren Stationen („Esquire" und „Capital") wurde er 1991 geschäftsführender Redakteur bei der „Wirtschaftswoche" in Düsseldorf.
1996 machte er sich mit einem Redaktionsbüro in Köln selbständig.

Die treibende Kraft

Ein wunderschöner Herbsttag. Wie damals. Die Sonne wärmt noch, niemand braucht einen Mantel. Heute ist der 16. Oktober 2030, ein Mittwoch. Dann müsste ich die A40 nehmen, da fließt der Personenverkehr, auf der A42 brummen die 60-Tonner. Schon vor Jahren sind sie hier auf die Idee gekommen, die Autobahnen tageweise nach Güter- und Personenverkehr zu trennen. Ich bin auf dem Weg zur Zeche Zollverein, seit Jahrzehnten Weltkulturerbe, immer noch Ikone des alten Ruhrgebiets, zugleich aber auch Symbol für die neue Metropolregion Ruhr. Ich entscheide mich gegen die Autobahn, fahre lieber durch die aufgelockerte Stadtlandschaft. Wie viel Grün, wie viele Freiflächen, wie viel Glas und Stahl. Und wie viel Wasser! Wohnen und arbeiten an den Grachten im Essener Norden ist total in. Vor dreißig Jahren haben sie gelacht über Waterfront in Wattenscheid, dabei hatte ihnen Norman Foster schon beim Duisburger Binnenhafen gezeigt, wie man aus einem Industriebecken neue attraktive Räume für Menschen gewinnen kann.

Vor dreißig Jahren haben sie gelacht über Waterfront in Wattenscheid

Wie hat sich das hier alles gewandelt! Vor 75 Jahren bin ich als Kind hierher gekommen. Mein Vater hatte eine Assistentenstelle an einem kleinen Krankenhaus angenommen. Neben einer großen Zeche, damals schon eine der letzten im Essener Süden. Auf der Männerstation gab es noch Säle, und selbst wir Kinder kannten das Wort „Silikose“, denn Staublungenuntersuchungen waren an der Tagesordnung. Auch sonntags, wenn wir nicht draußen spielten und uns dreckig machten, hatten wir abends einen schwarzen Hemdkragen. Und wenn wir uns im Sommer vom Sprungturm in den Baldeneysee stürzten, dann konnte es passieren, dass beim Auftauchen ein toter Fisch bäuchlings vor dem Gesicht trieb. Egal.

Eine neue Welle der Internationalisierung ist über die Ruhr hinweggegangen

Und heute? Heute ist Ruhr, wie die Region sich seit gut zwanzig Jahren nennt, Industriegebiet wie eh und je, Energiezentrum des Landes und Logistikdrehscheibe. Aber die Monumente der Industriekultur, das Erbe des ersten Booms dieser Region in der Gründerzeit und des zweiten Aufschwungs nach dem Krieg, diese Monumente sind umgeben von Hightech. Viel Campus, viel Kleingewerbe, Start-ups, viel Zukunft. Eine neue Welle der Internationalisierung ist in den zehner und zwanziger Jahren des 21. Jahrhunderts über die Ruhr hinweggegangen. In den Telefonbüchern findet man immer noch die Namensendungen wie -ski und -türk, aber zunehmend auch asiatische Namen. Ein Drittel der Menschen ist nicht in Deutschland geboren, selbst mehr und mehr Chinesen leben hier, seit sie ihre Logistikaktivitäten von Hamburg an die Ruhr verlagern konnten – nicht zuletzt dank des vor ein paar Jahren entstandenen internationalen Großflughafens „Johannes Rau".

Vor zwölf Jahren wollten sie die letzte Zeche schließen – haben es aber dann doch nicht getan, vielmehr hat die RAG-Stiftung, einem alten Vorschlag des damaligen Dortmunder Raumplaners Klaus Kunzmann folgend, sie zu einer internationalen Bergwerksuniversität umgewandelt, wo seitdem Bergbauspezialisten aus aller Welt lernen. Schon seit 2010 lockt die ThyssenKrupp-Academy, die die internationalen Führungskräfte des Konzerns weiterbildet, immer mehr Menschen an. Nebenan in Bochum tüfteln Spezialisten an immer ausgefeilteren Neuerungen für Werkstoffe und deren Simulation und sorgen so für weltweiten Austausch. Und was Anfang des Jahrhunderts mit einem kleinen Büro in New York unter dem Namen Con-Ruhr begann, hat sich längst zu einem internationalen Wissenschafts-Netzwerk verknüpft. Gemeinsam mit den hier ansässigen Global Playern der Wirtschaft ist es den vereinigten Ruhr-Universitäten gelungen, exportfähige Innovationen zu entwickeln, die ihrerseits wiederum Studenten und Wissenschaftler aus aller Welt anlocken. Ruhr – das ist schon lange das Synomym für das Zusammenleben vieler Ethnien, für Vielfalt der Sprachen und Lebensweisen.

Der alte Richard Florida, denke ich auf meinem Weg, hatte doch nicht so unrecht: Die Ruhr hat die vier Ts, die es braucht im internationalen Wettbewerb um die kreative Klasse. Sie bestimmt letztlich, wo die Arbeit hingeht, und sie wird angezogen von Technologie, Talent, Toleranz und Territorium. Die ersten drei gab's hier immer schon, und nach dem Niedergang von Kohle und Stahl waren plötzlich auch große Flächen verfügbar – die Industriebrache entpuppte sich als Wettbewerbsvorteil.

Die Industriebrache entpuppt sich als neuer Wettbewerbsvorteil

Ich bin gespannt, was der Festakt von all dem zeigt, was Nuran Ünveren, die junge, agile Regionalpräsidentin der Ruhrversammlung, sagen wird. Und wie sie auf den Ursprung des Ganzen eingehen wird, die Initialzündung. Die liegt nämlich genau 23 Jahre zurück. Der 16. Oktober 2007, das kann man heute feststellen, hat die Wende gebracht, die Energien gebündelt, das Bewusstein verändert.

Was ist der erste Schritt, um seine Träume zu realisieren? Aufwachen!

Aus einem Blog 2008

Auch der 16. Oktober 2007 ist ein schöner Tag. Auf Zollverein wehen die Fahnen, als eine Limousine nach der anderen vorfährt. Die Ruhrbarone geben sich ein Stelldichein, der Ministerpräsident, die Kanzlerin. Sie alle sind zum Zukunftskongress „Contract Future 2030" gekommen, 400 geladene Gäste wollen sich anhören, wie sich der Initiativkreis Ruhrgebiet, ein Zusammenschluss von Unternehmen aus der Region, die Zukunft vorstellt, welche Vision er für die Metropolregion entwickelt hat. Viel Arbeit ist in diese Vision gesteckt worden, die Crème der deutschen

Unternehmensberater hat mitgewirkt, hat Daten gewälzt, Studien ausgewertet und die Beteiligten befragt, SWOT-Analysen gemacht und Delphi-Studien verfasst. Nun soll das alles öffentlich werden.

Ein Fahrplan zurück an die Weltspitze

Dass der Initiativkreis diese Aufgabe schultert, hat eine kalendarische Komponente: „Knapp zwanzig Jahre nachdem Alfred Herrhausen und Rudolf von Benningsen-Förder den Initiativkreis ins Leben gerufen haben, fand ich es an der Zeit, die Gedanken dieser beiden wiederaufzunehmen und dem Ruhrgebiet einen Fahrplan zu geben, einen Fahrplan zurück an die Weltspitze", sagt Dr. Werner Müller, Chef des 2007 neu geschaffenen Industriekonzerns Evonik und Moderator des Initiativkreises. Aber es gibt auch eine inhaltliche und persönliche Komponente: Müller, als gebürtiger Essener und einstiger VEBA-Manager mit der Ruhr verbunden und im Umfeld von Benningsen-Förder groß geworden, andererseits als Wirtschaftsminister mit der Politik vertraut und verdrahtet wie nur wenige, exerziert im eigenen Unternehmen vor, was es heißt, zukunftsfähig zu werden. Beginnen wir mit der kalendarischen Komponente.

Ende 1987, Anfang 1988 kennt das Ruhrgebiet fast nur Horrormeldungen und Negativ-Schlagzeilen: Da sind Zehntausende auf den Beinen, um gegen die geplante Stilllegung des Stahlwerks Rheinhausen zu demonstrieren. Da schließt Hoesch die Phoenix-Gießerei, da fährt die Ruhrkohle die Kohleförderung um 13 Millionen Tonnen zurück. Die SPD sieht 84 000 Stellen im Bergbau bedroht, und der oberste Gewerkschafter, der ruhige Ernst Breit, sagt düster: „Dies ist bald nicht mehr unser Land."

„Und da bin ich zum Benningsen getrabt", erzählt Adolf Schmidt, damals Chef der IG Bergbau. „Man musste nicht studiert haben, um zu erkennen, dass es ganz schwer wird, hier mit dem Strukturwandel fertig zu werden, wenn einem die Leute weglaufen, die Manager und die Facharbeiter. Die Wirtschaft kann doch nicht zuschauen. Die Politik tut, was sie kann, aber das reicht nicht aus. Ihr müsst jetzt in die Hände spucken." Und sie spucken. Rudolf von Benningsen-Förder, der mächtige VEBA-Chef, findet Alfred Herrhausen, den Sprecher der Deutschen Bank, als Partner, und gemeinsam gewinnen sie den Essener Ruhrbischof Franz Hengsbach. Der zögert nicht lange, er weiß, was Loyalität im Revier heißt: „Mein Kumpel, ich lass dich nie im Stich. Das ist der Ausgangspunkt: Jeder wird rausgeholt!"

Am 15. Februar 1989 präsentiert sich der Initiativkreis Ruhrgebiet erstmals der Öffentlichkeit. 35 Unternehmen und 38 Einzelpersonen haben sich verpflichtet, die Initiative zu unterstützen. Sie stehen hinter den Worten Herrhausens: „Wir glauben an das Ruhrgebiet, und wir möchten nicht mehr und nicht weniger, dass sich andere diesem Glauben anschließen."

Knapp zwanzig Jahre später sind 70 Unternehmen im Initiativkreis zusammengeschlossen (für die jeweils zwei Jahre lang ein Moderator und ein Stellvertreter sprechen), ist der endgültige Ausstieg aus der Kohle bis 2018 beschlossen und damit der Strukturwandel – jedenfalls als Abschied von der Konzentration auf Kohle und Stahl – beendet. Aus der VEBA ist E.ON geworden, Thyssen und Krupp sind zusammengegangen und haben sich neu aufgestellt, und aus der RAG ist Evonik Industries hervorgegangen. Mit dem Umbau dieses, seines Unternehmens liefert Müller gleichsam den Nukleus, die Blaupause für die neuerliche Transformation des Ruhrgebiets. Und damit sind wir bei der zweiten Komponente.

Das ist der Ausgangspunkt: Jeder wird rausgeholt!

In nur fünf Jahren krempelt Müller den Konzern völlig um, trimmt ihn vom Subventionsempfänger zum Darling des Kapitalmarkts. Als Müller 2003 den Vorstandsvorsitz der damaligen RAG übernimmt, erkennt er sofort die Chancen,

Eine Vision – erst für das Unternehmen, dann die Region

aber auch die Fehlkonstruktion dieses Unternehmens, das aus einem sogenannten schwarzen Bereich, den subventionierten Kohleaktivitäten, und einem weißen Bereich, Chemie, Energie, Immobilien, besteht. Er muss diesen weißen Bereich von der Kohle abkoppeln, ihn entfesseln, um ihm das Überleben zu sichern. Und so entsinnt er einen kühnen Plan: Die beiden Bereiche werden rechtlich völlig voneinander getrennt, gehen beide in das Eigentum einer Stiftung über, die dann den weißen Bereich an die Börse bringt und so Geld hat, um die Ewigkeitskosten des Bergbaus zu bezahlen, also im Wesentlichen das Abpumpen des Wassers.

Der Plan geht auf. Zunächst steigt, 2008, ein Investor ein, und gemeinsam bringen sie Evonik Industries, das neue Unternehmen, das da schon den Wert eines mittleren DAX-Unternehmens hat, 2013 an die Börse, wo der integrierte und längst global aufgestellte Industriekonzern seinen Aktionären seitdem Freude macht. „Wir wollen ein strotznormaler Konzern werden", hatte Müller seinen Mitarbeitern wieder und wieder eingebläut. Und so wie er seinem Unternehmen diese Vision gegeben hat, so findet er es als Moderator des Initiativkreises und unterstützt von seinem Stellvertreter, dem Dortmunder IT-Unternehmer Winfried Materna, an der Zeit, dass sich auch die Region eine Vision gebe.

Wenn wir uns jetzt Kirchturmsdenken erlauben,
werden die nächsten Generationen dafür abgestraft.

Aus einem Interview für die Delphi-Studie 2007

Anfang des 21. Jahrhunderts ist es wieder mal an der Zeit, dass sich das Ruhrgebiet neu erfindet – getreu der eigentlichen Bedeutung des Begriffes Ruhr, der sich vom althochdeutschen „ruora" herleitet und „Bewegung" bedeutet. Noch tauchen Begriffe wie „Wachstum", „Dynamik", „Innovation",

„Verjüngung" eher verschämt auf, gleichsam im Potentialis. Der Initiativkreis wählt den Indikativ, schreibt Klartext: „Im Jahr 2030 wird die Metropole Ruhr eine Modellregion für die nachhaltige Lösung globaler Herausforderungen sein." Fünf Handlungsfelder haben die Arbeitsgruppen identifiziert, um diese Vision Wirklichkeit werden zu lassen:

- Sie wollen und werden etwas tun für Wirtschaft und Innovation,
- sie müssen die Infrastruktur verbessern und
- für mehr Lebensqualität sorgen.
- Sie wollen das Regionalmarketing verbessern und
- die Fortschritte kontinuierlich überwachen.

Bei „Wirtschaft und Innovation" definieren sie die Branchen „Energie", „Werkstoffe" und „Logistik" als Kern der zukünftigen Entwicklung. Sie sollen, ausgebaut und verknüpft zu einem sogenannten Meta-Kompetenzfeld, Treiber des Wachstums werden. Die Auswahl kommt nicht von ungefähr. In den drei Branchen ist die Ruhr ohnehin schon stark, hat so gute Wettbewerbschancen.

Was macht die Konkurrenz? Die blaue Banane? Oder New South Wales?

Die Konzentration auf drei Branchen hat viel für sich. Die Experten studieren das Umfeld, schauen sich deutsche Regionen wie den Stuttgarter Raum an, nehmen sich die blaue Banane in Europa vor (so nennen Raumplaner den Gürtel von London über die Niederlande und das Ruhrgebiet bis hin nach Mailand), analysieren die Entwicklungen in Seattle/Vancouver, Osaka/Kobe/Kyoto oder auch New South Wales in Australien. Sie alle, das zeigt sich schnell, sind auf drei, vier, maximal fünf Kompetenzfelder fokussiert. Und diejenigen sind besonders dynamisch, die auf wenige, starke Kompetenzfelder setzen und sich damit profilieren. Deswegen lautet auch an der Ruhr bald die Botschaft: Konzentrieren wir uns auf Energie, Werkstoffe und Logistik, und machen wir die zu Treibern unseres Wachstums. Dafür geht die Wirtschaft in Vorlage, sie verpflichtet sich, die Ausgaben für Forschung und Entwicklung im Ruhrgebiet bis zum Jahr 2015 zu verdoppeln, verlangt zugleich von der Politik, ihre Fördermaßnahmen auf das Meta-Kompetenzfeld zu konzentrieren und sie mit spezieller Gründungs- und Ansiedlungsförderung zu flankieren. Aber das hilft nicht, wenn alle nur im Stau stehen. Also muss die Infrastruktur an die neuen Verkehrsmengen angepasst werden, muss intelligente Verkehrssteuerung her, muss die Logistikkompetenz ausgebaut werden.

Die Arbeit folgt den Menschen – und Wachstum konzentriert sich auf Wissensregionen

Zwei große Erkenntnisse machten sich Anfang des Jahrtausends in den Köpfen breit: Investitionen folgen dem Humankapital. Und das Wachstum konzentriert sich künftig auf innovative Wissensregionen. Die Erkenntnis daraus: Wirtschaftsförderung muss nicht nur um Investoren, sondern auch um Bevölkerung werben. Beide haben Anforderungen an den Standort, die beide erfüllt werden müssen, um erfolgreich zu sein. Und deswegen gehört das Thema „Lebensqualität" mit in die Vision. An drei Punkten machen sie es fest: an der Gesundheitswirtschaft, der Bildung und der Kultur. Und auch hier liegt die Latte ähnlich hoch wie in den anderen Bereichen: Exzellenz im Gesundheitswesen,vor allem durch intensive Vernetzung; Experimentierfreude in der Kultur, eine weltweit wirkende Kraftzentrale der Künste; und eine Bildungslandschaft, die vor allem bei Ingenieur- und Naturwissenschaften glänzt, sich vom Kindergarten über internationale Schulen bis zu internationalen Studiengängen global mit anderen Wissensregionen messen kann.

Diese Geschichten sind der Welt zu erzählen, das heißt, es braucht eine abgestimmte Marketingstrategie, eine Dachmarke ist zu entwickeln, die Raum lässt für einzelne Aktivitäten, aber die Ruhr verankert in Köpfen in Indien und China, in Afrika und Amerika. Und, natürlich, all diese Projekte sollen nicht versanden wie so manche vor ihnen, vielmehr ist regelmäßig zu überprüfen, ob die gesteckten Ziele erreicht werden. Nicht zu vergessen: Ob die Vision auch ankommt bei den „Ruhris“, von ihnen mitgetragen wird, geerdet bleibt.

„Wer da wohnt, tut mir leid“
– „Hier ist das Leben“
Eintragungen im WDR-Gästebuch

„Meine Damen und Herren, ich möchte Sie heute Abend mitnehmen in ein Land voller Zauber und Poesie, wo man Gesichter ‚Fressen‘ nennt.“ So beginnt der Kabarettist und Literat Frank Goosen sein Programm „A40“ („Dem einen ist es eine Autobahn, dem anderen der längste Parkplatz der Welt“), in dem er entlang der Lebenslinie des Reviers Geschichten von „gezz“ und „dammals“ erzählt, von einer Gegend, in der die Menschen „rotzfrech“ und „sentimental“ sind – vor allem aber total heimatverbunden.

Schrebbagaatn und dat Lehm is eimfach

So sind sie hier, ein bisschen raubauzig, immer sehr direkt, denn das Leben untertage – das die meisten hier gar nicht mehr kennen, das aber dennoch die Menschen prägt – ist hart und gefährlich und laut und heiß, da hat niemand Zeit für Höflichkeit. „Vor der Hacke isset duster“, sagt der Kumpel, und am Abstich des Hochofens tierisch heiß, ergänzen die Stahlkocher. Für den Feierabend bleibt nicht viel, ein Pils in der Kneipe oder anner Bude, wie die kleinen Kioske hier heißen, wo sich wunderbar klönen lässt über die Tauben und den Fußball. Wie singen die „Missfits“? „Und dann stehse anner Ecke, anner Bude, mit ’ner Fluppe, München und Hamburg sind dir völlig schnuppe.“ Oder, immer noch ein Klassiker, Gershwins „Summertime im Pott“: „Schrebbagaatn / Und dat Lehm is eimfach / Frosch am hüppen / Und der Kotten nahbei / Dein Vadder grillt / Unnti Mudder am kochen / Kein Hasch, lieber ’n Pilsken in Dortmund-Kley.“

„Zuerst wollen sie nicht hierhin – und dann nicht mehr weg"

Das schafft Heimat, und dieses Gefühl ergreift auch die Zugereisten. „Zuerst wollen sie nicht hierhin – und schon bald nicht mehr weg." Diese Erfahrung machen Makler oder Headhunter immer wieder. Alle identifizieren sich mit dem Revier, da können die Münchner oder Hamburger sagen, was sie wollen. Weil sie es als Einheit sehen, weil sie problemlos in Duisburg wohnen können und am Wochenende für Schalke zittern, weil sie im Centro in Oberhausen einkaufen, abends in die Essener Aalto-Oper gehen oder im Bochumer Bermuda-Dreieck versacken. Und die jungen Leute sind allemal nachts auf der A40 unterwegs zwischen Dortmund und Duisburg, um die angesagten Discos, Clubs oder Lounges abzuklappern.

Die ganze Energie, die in den letzten 50 Jahren in Ruhrstrukturdebatten verbrannt worden ist, hätte ich gerne etwas ökonomischer eingesetzt gesehen. Vielleicht halten wir es fürs Erste einfach auch mal mit John Holloway: „Die Welt verändern, ohne die Macht zu übernehmen."

Aus einem Blog 2008

Die Metropole ist nicht nur behauptet, sie ist Realität. Die Vision 2030 hat sich als treibende Kraft für die Ruhr erwiesen. Lange haben sie im vergangenen Jahrhundert über die Organisationsform gestritten, über Ruhrstadt oder Bezirksregierung oder sonstige Zusammenschlüsse. Bis sich die Erkenntnis durchsetzt, dass eine Verwaltungsreform womöglich besser am Ende eines solchen Prozesses steht. Das Vakuum hat der Initiativkreis mit seinem Zukunftskonzept gefüllt, das war die Richtschnur in den letzten zwanzig Jahren. Ruhr 2030: Unter diesem Signet hat ein Team von Städten nach einem gemeinsamen Masterplan agiert. Das hat die Region nach vorn gebracht. Das hat ihr internationale Investitionen beschert, sie zu einer Boomregion gemacht, die anknüpft an die Historie vor 200 Jahren, an die Gründerzeiten. Heute ist die Ruhr ein Hot Spot für die kreative Klasse.

Ich bin ein wenig müde, will aber doch noch sehen, was das Fernsehen bringt. Der Festakt war schön. Nuran Ünveren, Integrationsfigur nach innen und Gesicht der Metropolregion nach außen – was Beckenbauer einst für den Fußball war, ist sie heute für die Ruhr –, hat eine witzige Rede gehalten, viele Geschichten von damals erzählt, die unbestreitbaren Erfolge nicht vergessen, aber auch von den neuen Herausforderungen gesprochen: dass wir beim Übergang in die Solarwirtschaft noch zulegen müssen, dass die anderen auch in Nano- und Biotechnologie machen. Kurz: dass es keinen Grund gebe auszuruhen, weil sich neue strategische Herausforderungen für die Metropolregion Ruhr abzeichneten. Auf ein Neues also.

Beim Übergang in die Solarwirtschaft noch zulegen

Das alles steht als Download zur Verfügung, ist im Tivo, dem Individual-Fernsehen, anzuschauen. Die Abendnachrichten, die es immer noch gibt, behandeln den Festakt ein wenig wie eine Veteranenveranstaltung.

Wichtiger ist eine andere Meldung: Der Zuzug junger Familien aus aller Welt hat eine neue Rekordmarke erreicht.

PROFESSOR DR. EBERHARD BECKER ist seit 1979 am Fachbereich Mathematik tätig und seit dem 30. April 2002 Rektor der TU Dortmund. 1943 in Mecklenburg geboren, studierte Becker in Hamburg Mathematik und Physik und habilitierte sich 1976 in Köln. Becker war beteiligt am Aufbau europäischer Forschungsnetze, leitete viele Jahre die „Mathematische Zeitschrift" und war Fachgutachter der Deutschen Forschungsgemeinschaft.

Chancen und Herausforderungen einer Metropolregion

Das übliche Gepäck aus Unwissenheit und Vorurteilen

Ich schreibe über das Ruhrgebiet als Zugereister. Als der Ruf auf einen Algebra-Lehrstuhl mich 1979 an die Universität Dortmund brachte, trug ich das übliche Gepäck aus Unwissenheit und Vorurteilen bei mir: das Ruhrgebiet, ein eher wenig attraktiver Lebensraum, voller Schwerindustrie, voll Menschen wie Tegtmeier mit bestenfalls komischen Ansichten und Lebenszielen. Schon bei der Ankunft dämmerte mir, dass dies eine grobe Fehleinschätzung sein könnte, und die späteren Erfahrungen halfen nachdrücklich, die früheren Klischees zu beseitigen. Heute im Jahr 2008 sehe ich das Ruhrgebiet als eine ausgesprochen offene und innovative, aber auch grüne und lebenswerte Region mit einem vielfältigen kulturellen Angebot.

Diese Region verdient auch eine bessere Bezeichnung als die bloße bürokratische Benennung „Gebiet an der Ruhr", was überhaupt nicht ahnen lässt, welche überraschende Lebendigkeit hier bereits vorhanden ist und dass größeres Potential wartet, gehoben zu werden. Heute weiß ich, dass ich in einer faszinierenden Metropolregion mit überragenden Chancen lebe, die sich zur selben Zeit aber auch bedrängenden Herausforderungen gegenübersieht, die noch zu meistern sind, damit die Chancen im vollen Umfang genutzt werden können.

Hier prallt eine Vielfalt von unterschiedlichsten Lebensentwürfen aufeinander

Außerhalb unserer Region bestehen hartnäckig, häufig und sehr verbreitet die alten negativen Vorurteile von früher. Wer das Ruhrgebiet nicht selbst erlebt hat, hat häufig unangetastet die alten Bilder von Kohle, Stahl und Bier, vielleicht noch Fußball, im Kopf und erkennt keine Region im Aufbruch, die sich mit Energie von den vergangenen Lebensformen entfernt.

Mit den falschen Bildern in vielen Köpfen muss das Ruhrgebiet leben. Um sie zu überwinden, muss das Ruhrgebiet nachhaltig auf sein außerordentliches Potential aufmerksam machen. Die Basis für alle Zukunftsentwicklung in unserer Region ist die überdurchschnittlich hohe Dichte an Bevölkerung, die in sich zudem stark gemischt ist. Unterschiedlichste Kulturen und Interessen leben hier nah beieinander, sind einander ausgesetzt, reiben sich aneinander und befruchten sich gegenseitig. Die Innovationskraft der Region lebt in nicht unerheblichem Maße von der Vielfalt an Lebensentwürfen, die hier aufeinanderprallen.

Eine wesentliche Rolle spielen dabei Kultur, Bildung und Wissenschaft. Diese „weichen Faktoren“ sind die Grundlage der Entwicklung wissensbasierter Ökonomien – hier liegt ein Tragpfeiler unserer Zukunft. Es gilt daher, diese Grundlagen systematisch zu stärken, die Möglichkeit zu Synergien in diesem dichtbesiedelten Raum zu erkennen und zum Wohlergehen der Region und der in ihr lebenden Menschen zu nutzen. Allerdings, in dem komplexen Konstrukt aus Standorten, lokalen und regionalen Verbünden und individuellen Akteuren, das das Ruhrgebiet darstellt, ist dies kein einfaches Unterfangen. Um jedoch das Ruhrgebiet in eine auch die Menschen von außen anziehende Metropolregion zu entwickeln, gibt es keine Alternative zu dem Versuch, die Menschen, die Kommunen, die Institutionen zu kohärentem Handeln zu bringen, immer dann und immer dort, wo aus gemeinsamen Anstrengungen Vorteile für alle zu ziehen sind.

Die Universitäten haben eine Vorreiterrolle übernommen

Die Universitäten haben hierbei eine Vorreiterrolle übernommen, in zeitlicher wie paradigmatischer Hinsicht. Durch die Gründung der Universitätsallianz Metropole Ruhr konnte ein Verbund der drei Ruhrgebietsuniversitäten geschaffen werden, der auf der einen Seite Zusammenarbeit fördert und die Möglichkeiten schafft, Synergieeffekte, wo immer sinnvoll, zu nutzen. Auf der anderen Seite bleiben die Partner aber vollkommen eigenständige Akteure, die durchaus auch weiterhin miteinander konkurrieren. Dieses facettenreiche Konstrukt im Spannungsfeld zwischen Wettbewerb und Kooperation bietet die Chance, die Allianz und ihre individuellen Partner gleichermaßen voranzubringen.

Lässt sich dies jedoch auf die Kommunen übertragen? Dies erscheint mir sehr viel schwieriger. Im Fall der Kommunen treffen höchst unterschiedliche berechtigte Interessen aufeinander, die zudem oft auch historische Wurzeln haben. Das weitverbreitete lokale Kirchturmdenken ist aber in der Vergangenheit sicher nicht hilfreich gewesen. Viel Geld ist in den letzten Jahren und Jahrzehnten in das Ruhrgebiet gepumpt worden, und dennoch bestehen ganz ausgeprägte Disparitäten. Das Ruhrgebiet kann auch nicht einfach den Vorwurf ignorieren, dass die jahrzehntelange Unterstützung nicht den gewünschten Erfolg gehabt hat: sei es beim Verkehrssystem, sei es bei der Innovationskraft der Region, sei es bei den Versorgungssystemen für die Städte und Kommunen.

Aber man muss auch zugeben: Lokale Gesichtspunkte in den Vordergrund zu stellen, ist mehr als verständlich. Lokalpolitik dient natürlicherweise in erster Linie dem eigenen Standort, und als Basis aller politischen Überlegungen und Anstrengungen muss dies auch so bleiben. Doch es ist an der

Zeit, in unserer Region den Willen zu stärken, die Vielzahl von Partnern zu einem Netz zu verknüpfen, das allen Beteiligten neue Chancen eröffnet. Dies mag auch den einen oder anderen Wandel im Selbstverständnis notwendig machen – zum Beispiel im Hinblick auf die wechselseitige Verantwortung zwischen Zentren und ihrem Umland.

Welches ist genau das Netz von Partnern? Ist das Ruhrgebiet überhaupt eine räumliche Einheit, die als ernstzunehmender Akteur auftritt? Zumindest an den Rändern tritt das Phänomen des Ausfransens auf; man identifiziert sich wahlweise doch lieber mit Westfalen und dem Rheinland, findet am Niederrhein, gar in den Niederlanden natürlichere Mitstreiter. Dass das Ruhrgebiet dennoch als einende Kraft wirken und dieser regionale Ansatz Erfolg haben kann, beweist die Kulturhauptstadt 2010. Die Umsetzung dieses komplexen Projekts in der Region – das Ruhrgebiet tritt als Stadt, als Kulturhauptstadt auf – ist eine große Leistung. Hier ist es gelungen, unter den lokalen Akteuren eine Kohärenz zu erreichen, die dem Ruhrgebiet gemeinhin nicht zugetraut wird. Die Kulturhauptstadt 2010 beweist, dass eine kooperativ und zugleich kompetitive Zusammenarbeit auch auf kommunaler Ebene möglich ist und zum Erfolg führen kann.

Felder identifizieren, bei denen gemeinsame Aktivitäten gewinnbringend sind

Die Chance des Ruhrgebiets liegt darin, in Zukunft weitere Felder und Projekte zu identifizieren, bei denen gemeinsame Aktivitäten sinnvoll und gewinnbringend sind. Neben der Kultur bieten Bildung und Wissenschaft hier die großen Potentiale für die Gestaltung der Zukunft. Eine Allianz der Universitäten besteht bereits, und sie sammelt erste Erfahrungen beim synergetischen Vorgehen. Ich bin gespannt, welche Bündnisse wir in Zukunft noch im Ruhrgebiet werden beobachten können. Dass sie kommen werden, das ist sicher, und je zahlreicher und zeitnaher sie sich einstellen, desto stärker und früher wird unsere Region als Metropolregion nach innen und außen strahlen.

DR. WULF H. BERNOTAT ist seit 2003 Vorsitzender des Vorstandes des Energieversorgers E.ON AG. Davor war der promovierte Jurist und Manager innerhalb des Shell-Konzerns (1976–1996) tätig, den er in führenden Positionen im In- und Ausland vertrat. 1998 wurde Bernotat zum Vorstandsvorsitzenden der Stinnes AG in Mülheim an der Ruhr berufen. Bernotat gehört den Aufsichtsräten von Metro, RAG, Allianz und Bertelsmann an.

Vom Ruhrgebiet zur Metropole Ruhr

Eine Region voller Dynamik, versteckt hinter einem spröden Image

Als Mitarbeiter eines internationalen Ölunternehmens war die Welt mein Zuhause. Zu meinen beruflichen Stationen gehörten London, Lissabon und Paris. Dann kam Gelsenkirchen. Es ging also ins Ruhrgebiet: ein Abstieg? Mir und meiner Familie war schon bewusst, dass das einstige Bild von Rauch und Ruß längst zum Klischee geworden war. Dennoch: „Ruhrgebiet" – das weckt noch immer nicht eben aufregende Assoziationen. Aber welche Überraschung! Das Ruhrgebiet war alles andere als langweilig, sondern eine Region voller Dynamik, versteckt hinter einem spröden, eigenwilligen Image wie ein exzellentes, aber wenig bekanntes Restaurant, das nur unter Kennern weiterempfohlen wird. Aber ich finde: Jeder sollte erfahren, was für eine attraktive Region hier im Kommen ist.

Im Selbstgefühl und in der Außendarstellung altindustrieller Regionen, die sich wie das Ruhrgebiet im Strukturwandel befinden, gibt es zwei Entwicklungsphasen: Zuerst wird die industrielle Tradition schamhaft verschwiegen und verdrängt, dann gewinnt man die Souveränität und Reife, sich dazu zu bekennen und damit sogar zu kokettieren, weil der erfolgreiche Wandel und das Neue, das geschaffen wurde, offensichtlich sind. Das Ruhrgebiet hat eindeutig dieses zweite Stadium erreicht.

Wir investieren im Ruhrgebiet Milliarden Euro in neue Kraftwerke

Ganz unbefangen kann also heute das Ruhrgebiet sich zu einer Geschichte bekennen, die eben nicht im Staub einer altindustriellen Vergangenheit versinken muss. So haben die Städte des Ruhrgebiets seit der frühen Industrialisierung eine grandiose Integrationsaufgabe zu einer Zeit gemeistert, in der von einer multikulturellen Gesellschaft noch keine Rede war. Heute genügt ein Blick in das Telefonbuch einer beliebigen Stadt im Ruhrgebiet, um anhand der vielen Namen unterschiedlichster geographischer Herkunft diese Integrationsleistung zu erkennen.

Das Ruhrgebiet war das Herz des industrialisierten Deutschlands über Jahrhunderte. Es gab hier schon große Industrieansiedlungen, als der Central Park in New York noch Sumpf war. Diese industrielle Tradition ist auch eine Chance, weil seine Menschen über diese große Zeitspanne gelernt haben, flexibel und zupackend mit neuen Herausforderungen umzugehen.

Heute ist das Ruhrgebiet Zentrum international tätiger Unternehmen. Es gibt eine ausgeprägte Hochschullandschaft. Die Gesundheitsinfrastruktur ist einzigartig. Der verbliebene industrielle Kern ist im globalen Maßstab wettbewerbsfähig, bietet rentable Arbeitsplätze und wächst international schon wieder erfolgreich. Dazu gehört auch E.ON. Wir investieren im Ruhrgebiet Milliarden Euro in neue Kraftwerke. Unsere Ingenieurgesellschaft, in der wir das exzellente technische Know-how des gesamten Konzerns bündeln und in unseren internationalen Aktivitäten einsetzen, hat ihren Sitz in Gelsenkirchen. Dort betreiben wir auch einen der größten deutschen Kraftwerksstandorte. E.ON Ruhrgas steuert als eines der führenden europäischen Gasunternehmen von Essen aus seine Geschäfte.

E.ON hat tiefe Wurzeln im Ruhrgebiet und fühlt sich hier mehr denn je ausgesprochen wohl.

Wer im Ruhrgebiet Verantwortung trägt und sich für diese Region einsetzt, weiß, dass diese Aufgabe wohl niemals erledigt ist. Denn die Welt um uns herum steht nicht still. Jeder Gewinn an Wettbewerbsfähigkeit und Attraktivität, den wir im und für das Ruhrgebiet erreichen, kann bald wieder von anderen Regionen aufgeholt werden. Wir sind also gut beraten, auch weiterhin unsere Hausaufgaben zu erledigen. Verkehrsinfrastruktur, Verwaltungseinheiten und politische Zuständigkeiten können noch deutlich verbessert werden. Der Strukturwandel ist noch lange nicht abgeschlossen, und mit dem geplanten Ende der Steinkohleförderung im Jahr 2018 wird ein historisch gewachsener Industriezweig, der über viele Jahrzehnte das Selbstverständnis prägte, vollständig aus dem Ruhrgebiet verschwinden.

Wir haben noch einiges zu tun, um eine gemeinsame Identität zu schaffen

Trotz aller Fortschritte haben wir auch noch einiges zu tun, um eine gemeinsame Identität als Bürger des Ruhrgebiets, der Metropolregion Ruhr zu schaffen und ein bürgerschaftliches Engagement für unsere Region stärker zu entwickeln. Wenn sich sowohl die Bewohner der Bronx als auch die Bewohner der Upper West Side als New Yorker verstehen, so müsste eine identitätsstiftende Klammer auch über das Ruhrgebiet gespannt werden können. Hierzu wird auch das Projekt „Kulturhauptstadt Europa" 2010 beitragen, für das die Stadt Essen stellvertretend für das Ruhrgebiet den Zuschlag erhalten hat.

Ich sehe keinen Grund, warum in nicht allzu ferner Zukunft das Image des Ruhrgebiets nicht weniger sexy sein soll als das von London oder Paris. Das mag sicherlich noch eine Weile dauern. Aber weniger sollten wir uns nicht vornehmen.

OLIVER BIERHOFF ist seit Juli 2004 Manager der deutschen Fußball-Nationalmannschaft. In seiner Jugend war er unter anderem zusammen mit Jens Lehmann Fußballer bei Schwarz-Weiß Essen. Seine Laufbahn als Profi begann Bierhoff bei Bayer 05 Uerdingen. Er spielte in Deutschland, Österreich und Italien und trug 70-mal das Trikot der Deutschen Nationalelf, mit der er 2002 Vizeweltmeister wurde.

Die Menschen mitnehmen

1. Die Chancen des Ruhrgebiets

Die Chance des Ruhrgebiets liegt klar auf der Hand: Es befindet sich auf dem Weg zur Kulturmetropole in Europa. Es zählt bereits heute zu den dichtesten Kulturregionen weltweit. In kaum einer Region lässt sich eine derartige Fülle von Opern- und Konzerthäusern, Theatern, Galerien, Festivals und Events finden wie im Ruhrgebiet. Auch eine blühende Wissenschaftslandschaft mit vielen Universitäten, Fachhochschulen und Forschungszentren konnte sich etablieren. Im Sport verfügt das Revier nicht nur über erstklassige Fußballclubs, sondern auch über eine engagierte Nachwuchsförderung sowie eine breite Infrastruktur in Form moderner Stadien und Trainingsstätten. Was kaum jemand ahnt: Das Ruhrgebiet hat eine ausgedehnte Burgen- und Schlösserlandschaft. Wer sich all dies vor Augen führt, dem wird bewusst, dass der Strukturwandel und die Entwicklung des Ruhrgebiets viel schneller vor sich gehen als der Imagewandel. Ich bin überzeugt, dass das Ruhrgebiet mit diesem Potential in den nächsten Jahren eine gewaltige Entwicklung zu einer echten Metropole vor sich hat, die an-

Strukturwandel ging viel schneller vor sich als Imagewandel

deren europäischen Städten Konkurrenz machen wird. Es gibt in dieser Hinsicht bereits eindeutige Zeichen: Im Jahr 2010 wird das Ruhrgebiet mit Essen an der Spitze Kulturhauptstadt Europas sein.

2. Was sind die Stärken?

Im Gegensatz zu anderen Städten oder Regionen ist hier schon so vieles vorhanden, das einfach nur noch zusammengeführt werden muss. Dieses Potential wiederum ist seinerseits Ausdruck von Stärke: An der Ruhr ist alles selbst erarbeitet, den Menschen wurde nichts geschenkt. Keine andere Region Europas hat in den letzten 30 Jahren so drastische Veränderungen mitgemacht. Vor diesem Hintergrund finde ich es höchst eindrucksvoll, was in dieser kurzen Zeit alles entstanden ist. Ich gebe zu bedenken: Die erste Hochschule des Ruhrgebiets wurde erst 1962 gegründet, nämlich die Ruhr-Universität Bochum. Heute gehört diese Universität zu den zehn größten Universitäten in Deutschland und zum Kreis der Hochschulen, die in die engere Auswahl für eine Exzellenzinitiative der Bundesregierung kamen.

An der Ruhr ist alles selbst erarbeitet

Auch die Buntheit des Ruhrgebiets ist eine Stärke: Hier leben Menschen aus über 150 Nationen. Das hat das Ruhrgebiet offen und tolerant gemacht. Hier werden viele Dinge angepackt, die anderswo nicht einmal gedacht werden. In Duisburg beispielsweise wird Europas größte Moschee gebaut. Und das ohne jeden Streit und sogar mit Unterstützung der christlichen Gemeinden der Stadt!

3. Was sind die Schwächen?

Eine Schwäche, die ich immer noch sehe, obwohl sie nicht explizit ruhrgebietstypisch, sondern überall zu finden ist, ist der fehlende Gemeinschaftssinn. Über Jahre haben die Ruhrgebietskommunen zwar nennenswerte Einzelleistungen erbracht, mit ihrem sogenannten Kirchturmdenken aber auch Entwicklungen verhindert, die für das Revier insgesamt gut gewesen wären. Letztlich scheiterten Prozesse auch daran, dass eine Kommune der anderen den Erfolg streitig gemacht hat, was dazu führte, dass die anvisierte Idee nicht Wirklichkeit wurde. Die anhaltenden Diskussionen um den Regionalverband Ruhr, alternative Städtezusammenschlüsse und den Alleingang einzelner Revierstädte zeigt diese Tendenz noch heute. Im Fußball ist das ja nicht anders: Der Fußball bewirkt im Ruhrgebiet stärkste Identifikation und beeinflusst maßgeblich die Identität vieler Menschen. Doch im Fußball spielt das Revier gegeneinander und macht sich den Titel häufig selbst streitig. Das ist natürlich aus Sicht des Sports völlig in Ordnung. Aber wenn sich Gräben – wie etwa derjenige zwischen Schalke 04 und BVB 09 – auch auf andere Bereiche ausdehnen, kann das destruktiv sein. Die Menschen – nicht nur an der Ruhr – müssen lernen, dass man in der Gemeinschaft nur stärker werden kann, nie schwächer. Und wenn eine Kommune im Ruhrgebiet sich gut entwickelt, dann ist das doch auch zum Nutzen aller anderen. Gut finde ich deshalb, dass das Ruhrgebiet in der Kultur immer besser zusammenspielt und im Jahr 2010 alle 53 Revierstädte den Titel Kulturhauptstadt Europas tragen.

Gemeinschaft kann man nur stärker machen, nie schwächer

4. Was ist zu tun?

Die Aufgaben sind klar: Der Imagewandel muss geschafft werden, damit die Wahrnehmung der Menschen endlich mit der Entwicklung vor Ort Schritt hält. Und zweitens darf nicht nachgelassen werden in den Bemühungen, diesen positiven Trend der Entwicklung weiter zu beflügeln. Ich bin aber ganz zuversichtlich. Mit der RUHR.2010 GmbH, die das Kulturhauptstadtjahr 2010 organisiert, und dem Initiativkreis Ruhr, der bereits Visionen für das Jahr 2030 verfolgt, sind starke Akteure am Werk.

5. Was sollte aus der Historie des Reviers nicht vergessen werden?

Die Geschichte muss mitgenommen werden. Das Bekenntnis zu den eigenen Wurzeln. Die „Ruhris“ sollten sich nicht ihrer Vergangenheit schämen, sondern sagen: Schaut her, was wir aus uns gemacht haben! Man darf außerdem nicht vergessen, dass ohne das Ruhrgebiet das deutsche Wirtschaftswunder nicht möglich gewesen wäre.

Die „Ruhris" sollten sich nicht ihrer Vergangenheit schämen

Eine nachhaltige Entwicklung ist nur möglich, wenn Neues organisch aus dem Bestehenden wächst. Man kann da nichts von oben gleichermaßen verordnen wollen. Die Menschen müssen mitgenommen werden.

DR. GERHARD CROMME ist seit Oktober 2001 Vorsitzender des Aufsichtsrats der ThyssenKrupp AG und seit April 2007 Aufsichtsratschef der Siemens AG. Von März 1999 bis September 2001 war er einer der beiden Vorsitzenden des Vorstands der ThyssenKrupp AG. Zuvor hatte der 1943 geborene Jurist und Ökonom eine Karriere im Krupp-Konzern gemacht. Cromme leitet die Regierungskommission Deutscher Corporate Governance Kodex.

Gesunde industrielle Basis mit global wettbewerbsfähiger Stahlindustrie

Um das Ruhrgebiet ist es in der letzten Zeit ruhig geworden. Kritische Beobachter meinen, man sei wohl noch immer mit der Aufarbeitung der Probleme der Vergangenheit beschäftigt. Kenner des Reviers sehen es eher gelassen – nachdem der Strukturwandel weitgehend vollzogen ist, kehre die Normalität zurück, und die Region sei dabei, wichtige Weichen für die Zukunft zu stellen.

Offensiv im Wettbewerb mit anderen Weltregionen

Die Herausforderungen, die die Zukunft für das Ruhrgebiet bereithält, sind beachtlich. In Zeiten der Globalisierung geht es immer mehr darum, sich offensiv dem Wettbewerb mit anderen Weltregionen zu stellen. Der Initiativkreis Ruhrgebiet hat es unter dem Motto „Zukunft Ruhr 2030" auf den Punkt gebracht: Bis zum Jahr 2030 soll sich das Revier im internationalen Wettbewerb der Weltregionen wie London, Amsterdam oder Shanghai etablieren und dabei zur Modellregion für nachhaltiges Wachstum und nachhaltige Lösung globaler Herausforderungen werden.

Wie stehen die Chancen, dieses ambitionierte Ziel zu erreichen? Was braucht man dazu? Ich bin mir sicher:

Das Ruhrgebiet wird es schaffen, im immer härteren Wettbewerb der Regionen Flagge zu zeigen. Sicher bin ich mir auch darin, dass für dieses Vorhaben eine gesunde, international wettbewerbsfähige industrielle Basis unabdingbar ist. Hier liegen die Wurzeln der Region. Eine starke, auf Stahl und Kohle basierende Revier-Industrie war der Motor des Wirtschaftswunders nach dem Zweiten Weltkrieg. Mit der Bergbaukrise der 1960er Jahre, gefolgt Mitte der 1970er Jahre von einer Stahlkrise, begann für das Revier eine Zeit schmerzlicher struktureller Umbrüche. Eine Kohlezeche nach der anderen wurde geschlossen, umfangreiche Stahlkapazitäten bzw. ganze Standorte wie Hattingen und Oberhausen bei Thyssen oder Rheinhausen bei Krupp wurden stillgelegt. Im Gegenzug fassten neue Branchen verstärkt Fuß in der Region – zum Beispiel der Maschinen- und Fahrzeugbau, die Elektrotechnik, die Nahrungsmittelindustrie, die Logistik sowie der Dienstleistungssektor. Aus diesem Strukturwandel geht die Industrie neu ausgerichtet, „verschlankt" und insgesamt gestärkt hervor – mit anspruchsvollen und profitablen Produkten, erfindungsreichen und motivierten Belegschaften, sicheren Arbeitsplätzen und guten Zukunftschancen. Diese wertvolle, in der Vergangenheit wiederholt bewiesene Fähigkeit des Reviers zum Wandel wird auch künftig ein wesentlicher Schlüssel zum Erfolg der Region bleiben.

Anspruchsvolle und profitable Produkte

Nehmen wir die Stahlindustrie und konkret das Beispiel von ThyssenKrupp. Unser Stahlbereich hat allein seit 1990 seine Produktivität mehr als verdoppelt. Der enorme Rückgang von Arbeitsplätzen und die starke Standortkonzentration waren ein hoher, aber langfristig lohnender Preis für die Zukunftsfähigkeit der Stahlerzeugung an der Ruhr. Heute ist ThyssenKrupp als Branchenführer in Deutschland ein weltweit agierender Technologiekonzern mit 52 Milliarden Euro Umsatz, 190000 Mitarbeitern und

3,3 Milliarden Euro Gewinn vor Steuern. Rund 40 Prozent des Umsatzes und fast 70 Prozent des Gewinns entfielen 2006/2007 auf Stahl.

Der Konzern ist in eine neue Dimension gewachsen. Die heutige Spitzenposition von ThyssenKrupp im internationalen Wettbewerb wäre seinen Vorgängerunternehmen – sei es Thyssen, Krupp oder Hoesch – im Alleingang nicht nur versagt geblieben; es würde sie heute höchstwahrscheinlich nicht mehr geben. Somit ist ThyssenKrupp auch ein Paradebeispiel einer erfolgreichen Firmenfusion. Zu deren Grundregeln gehören vor allem ein sinnvolles industrielles Konzept, eine realistische Einschätzung der Fusionssynergien und ein genauer Zeitplan für die Umsetzung. Hinzu kommen als sogenannte soft facts eine konsequent praktizierte Partnerschaft, eine offene Kommunikation nach innen und außen sowie ein gemeinsames Dach für das Zusammenwachsen zweier Unternehmenskulturen. Diese Faktoren zeichneten übrigens schon für das Gelingen der Fusion von Krupp und Hoesch Anfang der 1990er Jahre verantwortlich. Es galt von Anfang an und gilt bis heute: Nur die besten Produkte, Standorte und Köpfe haben im Unternehmen eine Zukunft – und nur mit ihnen hat das Unternehmen eine Zukunft.

Paradebeispiel für eine erfolgreiche Firmenfusion

Dies gilt auch für das Ruhrgebiet. ThyssenKrupp – bei aller Internationalität nach wie vor fest im Revier verankert – wird dazu beitragen, dass die Vision der Metropolregion Ruhr 2030 Realität wird.

REGINA VAN DINTHER wurde 1958 in Wengern geboren. Die Diplom-Ingenieurin für Bekleidungstechnik arbeitete von 1980 bis 1990 in der Bekleidungsindustrie, machte sich dann selbständig. Mit 20 trat sie in die CDU ein, in der sie verschiedene Ämter bekleidete. 1990 wurde sie in den nordrhein-westfälischen Landtag gewählt. Seit dem 8. Juni 2005 ist sie Präsidentin des Landtags.

Bürgerschaftliches Engagement als besondere Stärke fördern

Wer sich im Ruhrgebiet auf sein Fahrrad schwingt, der kann den Strukturwandel der Region auf über 700 Kilometer Länge selbst erfahren. Auf der „Route der Industriekultur" reihen sich die Denkmäler des Zechenzeitalters aneinander. Von Dortmund bis Duisburg, von Essen bis Gelsenkirchen sind die historischen Förderanlagen zu bestaunen. Stillgelegt, aber nicht stillstehend, denn der Strukturwandel hält die Region in Bewegung.

Tradition und Innovation sind sich nirgends näher

In den Gemäuern der Schwerindustrie sind nun vielerorts die Büros moderner Dienstleistungsunternehmen zu finden. Auch als Stätten für überregional beachtete Kulturveranstaltungen und als Orte der Begegnung von Bürgerinnen und Bürgern werden die Bauten seit einigen Jahren mit großem Erfolg genutzt. Das zeigt: Tradition und Innovation sind sich nirgends näher als im Herzen Nordrhein-Westfalens.

Schon immer war das Ruhrgebiet eine Region des Wandels. Umbruchsituationen haben den Alltag der hier lebenden Menschen seit jeher geprägt. Kohle- und Stahlindustrie haben den Wiederaufbau der zerstörten Region nach dem Ende des Zweiten Weltkriegs in derart kurzer Zeit erst ermöglicht. Doch schon bald wurden sie selbst zum Auslöser eines erneuten und ebenso deutlichen Umbruchs. Durch die Kohle- und Stahlkrise sowie das bald darauf einsetzende Zechensterben hat sich das Erscheinungsbild der Region in nur wenigen Jahrzehnten weiter verändert. Mit schmerzhaften persönlichen Einschnitten war dieser rasante Wandel für viele Bürgerinnen und Bürger verbunden. Die anhaltend hohe Arbeitslosigkeit in vielen Städten der Ruhr-Region ist hierfür noch immer ein Beleg.

Strukturwandel kann nicht politisch verordnet werden

Dennoch haben die Menschen im Ruhrgebiet längst bewiesen, dass sie sich den Erfordernissen des wirtschaftlichen und gesellschaftlichen Wandels anpassen wollen und den Herausforderungen des Strukturwandels positiv entgegenblicken. Ihr solidarisches Miteinander und ihr Zusammenhalt bleiben die besonderen Stärken des Ruhrgebiets, gerade auch im Wettbewerb mit anderen Metropolregionen.

International bedeutende Großereignisse wie das Jahr der Europäischen Kulturhauptstadt 2010 bieten eine willkommene Gelegenheit, das Ruhrgebiet als Region mit Selbstbewusstsein und Zukunftspotential, als eine Region mit Herz, Seele und Verstand zu präsentieren.

Dabei sollten wir nicht vergessen: Der Strukturwandel ist kein abgeschlossener Prozess. Er kann es gar nicht sein. Durch den Willen zu permanenter Erneuerung muss unsere Gesellschaft den wirtschaftlichen wie auch kulturellen Wandel weiterhin konstruktiv begleiten, denn nur so werden wir den komplexen Zusammenhängen in einer globalisierten Welt gerecht.

Als „Kind des Reviers“ bin ich der Überzeugung: Die weitere Ausgestaltung des Strukturwandels kann im Ruhrgebiet nicht politisch verordnet und vorgeschrieben, sie muss vielmehr durch das Engagement der Bürgerinnen und Bürger selbst angestoßen und vollzogen werden. Nur so kann eine lebendige organisatorische Weiterentwicklung der Region fernab von technokratisch-seelenlosen Reformen gelingen.

Durch ihre Ideen, durch ihr Wissen und ihre Kreativität tragen Bürgerinnen und Bürger aller Altersklassen dazu bei, unser Land fit für die Zukunft zu machen. Ihr Engagement in Politik, Gesellschaft und Kultur schafft die besten Voraussetzungen für das Ruhrgebiet als Impulsgeber für weitere Wandlungsprozesse.

Eine der wichtigsten Aufgaben von Politik muss in diesem Sinne die Förderung von bürgerschaftlichem Engagement sein. Besonders auf Landesebene und in den Kommunen muss Politik die ehrenamtlichen Aktivitäten von Bürgerinnen und Bürgern unterstützen. Dabei muss es uns insbesondere gelingen, vorhandene Stärken des bürgerschaftlichen Engagements schneller zu erkennen und die engagierten Akteure im Ruhrgebiet besser als bisher miteinander zu vernetzen.

Engagierte Akteure im Ruhrgebiet besser vernetzen

Besonders mit Blick auf die zu erwartenden demographischen Entwicklungen der kommenden Jahrzehnte muss uns das Miteinander der Generationen und Kulturen besonders am Herzen liegen. Wenn das Ruhrgebiet in Zukunft mit großen Metropolen in aller Welt um kreative Köpfe und um die Ansiedlung innovativer Wirtschaftsbranchen konkurrieren soll, dann müssen wir unser gewonnenes Wissen und die vorhandenen Erfahrungen zum erfolgreichen Umgang mit Wandlungsprozessen noch stärker zur langfristigen Weiterentwicklung der Region und unseres gesamten Landes nutzen.

Nicht nur für Nordrhein-Westfalen und die Bundesrepublik Deutschland, auch für das fortschreitende Zusammenwachsen der Staaten unter dem Dach der Europäischen Union erfüllt das Ruhrgebiet eine unersetzbare

Es wird Zeit, dass die Menschen den Wandel prägen

Vorbildfunktion. Als eines der größten Ballungsgebiete Europas mit über 5,3 Millionen Einwohnern zeigt diese Region schon seit langem, wie wichtig Toleranz und kulturelle Vielfalt des Zusammenlebens für eine weltoffene Gesellschaft sind.

Auf viele offene Fragen müssen sich im Ruhrgebiet treffende Antworten finden lassen. Das sind Fragen nach der Integration ausländischer Mitbürgerinnen und Mitbürger, Fragen nach der Mitwirkung junger Menschen an den politischen Gestaltungsprozessen und nicht zuletzt Fragen nach den zukünftigen Handlungsmöglichkeiten einer zunehmend alternden Gesellschaft. Ohne Zweifel besitzen die in der Region zu entwickelnden Konzepte gesellschaftspolitische Relevanz weit über unsere Landesgrenzen hinaus. Und gerade deshalb ist die Mitwirkung engagierter Bürgerinnen und Bürger so wichtig.

Der Wandel hat die Region geprägt. Jetzt wird es Zeit, dass die Menschen im Ruhrgebiet den Wandel prägen. Daran müssen alle Akteure in der Region gemeinsam arbeiten. Dann bleibt das Ruhrgebiet auch weiterhin ein starkes Stück Deutschland im Herzen Europas.

JÜRGEN FLIMM wurde 1941 in Gießen geboren und wuchs in Köln auf, wo er Theaterwissenschaft, Germanistik und Soziologie studierte. Seit 1971 inszenierte er an den großen Theatern in Zürich, Hamburg und München. Auch als Opernregisseur machte er sich einen Namen. Als Nachfolger von Gründungs-Intendant Gérard Mortier leitete er die RuhrTriennale von 2005 bis 2007. Seit Oktober 2006 leitet Flimm die Salzburger Festspiele.

Im Märchenland der Riesen

Eine lange Reise in den unheimlichen Norden

I. Irgendein Fest gab es ja immer, genug Konfirmationen, silberne Hochzeiten, runde, hohe Geburtstage und ähnliches Familiengedöns, das kleine Jungens in kratzige Anzüge zwang. Wir wurden in den kalten Ford Eifel gedrückt, Papi steuerte, Oma saß daneben, auf der Hinterbank Mutti, Dieter und Jürgen. Eine lange Reise in einen unheimlichen Norden stand bevor, auf nach Duisburg! Das war noch nahe am schrecklichen Krieg und kurz vor dem rasanten Aufstieg Adenauers rheinischer Republik. Die Autobahn war ein mageres Band, und alle paar Meter holperte der hüftsteife Ford über eine wulstige Teernaht. Omas Mann hatte in Ruhrort als Gymnasialprofessor gelehrt und Verwandte zurückgelassen, zumeist Lehrer, Onkel, Tanten, Vettern, Kusinen mit roten Schöpfen. Über Wuppertal hin und dann links! Mutti kämpfte mit der faltenreichen Straßenkarte. Da kommt dann der Ruhrschnellweg, und dann sind wir ja schon da! Den Ruhrschnellweg liebten die Kleinen, und bald sahen wir schon die hohen Türme und die Kessel. In den Türmen wohnten die schwarzen Riesen, hatte Oma erzählt, feuerspuckende und dampfschwitzende Monster, die sich tief in den felsigen Boden eingruben und schwarzes Gold heraushackten, und da unten in den mächtige Höhlen zögen kleine zottige Pferdchen im blinden Trott eiserne Wagen, beladen mit schwarzem Geröll, zu den Riesen, die mit großen Mäulern die Steine verspeisten. Und heute Abend, auf unserer Rückfahrt, könnten wir wieder sehen, wie die wilden Riesen vor lauter Freude Feuer spuckten und so den Himmel in purpurnes Rot tauchten und weiße Schweißwolken in die Luft legten! Hoffentlich also war es bald Abend! Und wir könnten nach bitterem Kakao und mächtigen Buttercreme-Schnitten wieder durch das Land der schwitzenden Riesen fahren, diese hausten in den großen Hallen mit Leitern und Kuppeln, mit dampfenden Gestängen und den ächzenden Lokomotiven! An den Gestängen und Leitern turnten die, im Morgengrauen könne man das sehen. Ein Märchenland an Rhein und Ruhr!

Dampfende Gestänge und ächzende Lokomotiven

Papi, der Theaterarzt, erzählte ab Wuppertal-Barmen mit bewegter Stimme von Schauspielern aus Hamburg an der Elbe, die in eiskalten Eisenbahnen nach Recklinghausen gereist sind und dort für Briketts Theater gespielt hatten. Auch der große Quadflieg mit seiner Orgelstimme wäre da gewesen und Maertens vom Thalia, die hätten es nun in Blankenese schön warm, auch so ein Märchen. Kunst für Kohle, Kultur für alle. Aber aus dem alten Saalbau zogen die Schauspieler aus, ein pompöses Festspielhaus erhob sich, der Pakt war wohl bald aufgekündigt, die Proletarier kehrten in ihre erbärmlichen Siedlungen zurück und ließen die Tauben flattern, ein prosperierendes Bürgertum spreizte sich und schichtete aus Sichtbeton die eigenen Feierräume um sich herum; kulturelle Fluchtburgen, ohne Fenster in die Welt. Das geschah allenthalben überall wie in Köln am Offenbachplatz.

II. Nix ist ewig, sagte unsere geliebte Oma oft genug. Auch Riesen von den Gruben müssen einmal sterben. Die Riesen hatten die Erde irgendwann einmal ausgeräumt und ausgehöhlt und sich matt zur Ruhe begeben. Was blieb, waren gespenstisch leere Höhlen unter dem Boden, Wege, Straßen unter Tag verbinden Städte, Türme, Bahnhöfe, die zotteligen Pferde grasen längst im Ponyhimmel. Der Nachthimmel erbleichte, und der Tag war mit langweiligem Blau bepinselt. Keine Schweißwolken, keine Feuerstöße. Die Riesenhallen und Kuppeln waren nun vom Rost besetzt, der am Stahl nagte, ihn auffraß. Die mühsame Reise in die Mitte der Welt hatte ihr Ende gefunden; welch ein Abenteuer romantischer Natur war verschwunden, komplett von der Agenda gestrichen. Wie leer gebrannt die Stätte, wilder Stürme raues Bette.

III. Zuvor hatten die Reisen der hanseatischen Kunstmissionare ins Revier kurz nach dem Nazischrecken und kurz vor dem glänzenden Wiederaufstieg in die Weltliga Wirkung gezeigt. Neue Museen wurden gebaut, Theater und Konzerthäuser, eines der schönsten: das Bochumer Schauspielhaus. Statt zu Kaffee und fettem Kuchen reisten wir nun zu Schalla und Koch nach Bochum und Recklinghausen, und immer wieder. Dieses Bochumer Theater erlebte stetige Triumphe, auf Schalla folgte der tolle Zadek, mit wildem Ensemble, der schnitt alte Zöpfe ab und trieb den bürgerlichen Muff aus. Dem folgte der ehrgeizige Peymann, der baute wieder auf und pries die Literatur, es feierten ihn die Westfalen. Das blieb ihnen bei seinem faden Nachfolger im Halse stecken, als dieser das emsige Haus in dösige Langeweile einstäubte. Dann aber kamen der fröhliche Leander Haußmann und der umtriebige Hartmann, der fast an Peymanns Erfolge anknüpfen konnte! Bewegte Zeiten an der Königsallee, und die Bochumer blieben ihrem Theater treu, so wie die Essener,

Der tolle Zadek schnitt alte Zöpfe ab und trieb den bürgerlichen Muff aus

die Gelsenkirchener, Dortmunder, die Oberhausener und die Mülheimer.

Welch überragende Kulturlandschaft entstand nun: die Museen wie Lehmbruck und Folkwang verbreiteten Ruhm weit übers Revier hinaus. Und nicht nur diese. Auch die Orchester, wie die von Bochum und Duisburg, spielten sich in die höheren Regionen – die Bosys bis nach New York. Hier in unserem Revier mag – von allen Riesen verlassen – es wohl mehr Institutionen dieser Art geben als im hauptstädtischen Berlin, die Neugier ist groß. Wissen wir das? Es gibt nun zwar eine große Anzahl von Studien, Perspektivaussichten und auch Plänen so allgemeiner Natur und dem Synergiefetisch so sehr in Anbetung verfallen, dass sie sich gleichsam in Luft auflösen, oft genug selbstreferentielle Gedankenspielerei! Aber neue Räume werden erschlossen, die Behausungen, die ehemals von den feuerspuckenden Monstern meiner Kindheit besetzt waren, öffneten vor nicht allzu langer Zeit ihre quietschenden Pforten dem stets neugierigen und erfindungsreichen Kulturvölkchen. So entstanden – unter bis heute so tätiger Mitwirkung von Politikern jeglicher Couleur – einzigartige Festspiele, Triennale genannt. Dieses Festival ist sicherlich die aufregendste Antwort auf den Abzug der schwitzenden Riesen.

Die aufregendste Antwort auf den Abzug der schwitzenden Riesen

Diese Hallen, einst Orte von hemmungsloser Industrialisierung, die auf zerstörte Natur aufgerichtet wurden, erzählen noch heute von den Einzelnen, die unsere wirtschaftliche Prosperität auf ihrem gebeugten Rücken hochgewuchtet hatten.

Nun finden dort Konzerte, Opern, Ballette, Schauspiele, Debatten und so vieles andere statt.

IV. Kann Kultur versöhnen? Ja, das ist ihre Aufgabe, auf die Wunden der vergangenen Jahrzehnte zu weisen und so durch Kunst die Widersprüche dieser enormen Zeit des

Wohlstandes aufzuzeigen, einzigartig, für einen solchen Disput geschaffen, sind diese Denkmäler!

So entwickelte sich an der Ruhr etwas ganz Neues und Stetes: neben den Theatern und Museen also eine zweite, innovative Ebene, die der industriehistorischen Räume. Die jeden Künstler zum Staunen und Raunen bringen; Dirigenten, Regisseure, Sänger, Tänzer, Schauspieler, alle erliegen sie der Geschichte dieser Räume. Aber hier gibt es kaum Repräsentatives, alles ist immer wieder neu und wird neu erfunden, Orte ohne Geschichte der Rezeption, Orte der völligen Innovation.

Solche kulturellen Labors, in denen stets neue Perspektiven auf theatralische Formen eingenommen werden, braucht das Revier, will es die großen Umwälzungen der letzten und der kommenden Jahre aushalten und Zukunftsfragen angemessen beantworten. Ohne die kulturellen Fermente wird das nie und nimmer gehen, die eine Seite kann ohne die andere nicht bestehen, gibt es Ordnung ohne Chaos? Kultur, Kunst sind Hefe, Sauerteig, ohne diese entscheidenden Zutaten ist unser gesamtes zivilisatorisches System ein leerer Ranzen und bleibt bloßes Strategiespiel.

Als der Mensch sich in den Höhlen aufrichtete, begann er zu zeichnen

Am Anfang war doch die Kultur! Als der Mensch sich in seinen Höhlen aufrichtete, begann er mit Fleiß zu zeichnen, sich und seine Welt: aus Angst, aus Freude, aus Neugier.

Natürlich muss uns nun die Industrie helfen. Sie haben alle miteinander die nun leeren Orte der Riesen aufgebaut, die Erde tief verletzt, die Oberflächen zerschnitten und zergliedert, für ein ziemlich kalkuliertes Wunder, wenn das nicht schon ein Widerspruch ist. Freilich geschieht schon viel, Stiftungen, Initiativen, Firmen geben, vielleicht so viel wie nirgendwo. Nur Hamburg – in seinem patriotischen Gefühl – hält da mit.

Und das braucht auch seine Zeit, die schnellen Events, die Fotos mit wenigen Stars und vielen Sternchen haben eine sehr kurze Halbwertszeit! Das darf doch nicht Sinn einer kulturellen Förderung sein!

Wir brauchen einen langen Atem, viel Geduld. Und viel Geld, um aus der toten, kalten Schlacke tatsächlich blühende Landschaften zu machen. Das ist nicht einfach, aber schön. Wie schon Karl Valentin wusste! Die Riesen meiner Kindheit sind wohl weit weg gewandert und kommen nicht mehr wieder. In den alten, von Dreck, Schweiß, Feuer gefärbten Hallen und Öfen ertönen nun Stimmen und Musiken, und die Töchter und Söhne der alten verrußten Kumpel und asbestbewehrten Stahlstecher schauen und hören zu.

Wir brauchen einen langen Atem, viel Geduld

MICHAEL GLOS wurde 1944 in Brünnau in Bayern geboren. Nach der mittleren Reife absolvierte er eine Lehre zum Müller und bestand 1967 die Meisterprüfung. 1968 übernahm er die Leitung des elterlichen Getreidemühlen- und Landwirtschaftsbetriebes. 1976 wurde er Mitglied des Deutschen Bundestages und 1993 Vorsitzender der CSU-Landesgruppe. Seit September 2005 ist Glos Bundesminister für Wirtschaft und Technologie.

Ein Stück Heimat im besten Sinne

Die Region an der Ruhr macht sich auf den Weg. Hinter sich lässt sie drei Jahrzehnte des wirtschaftlichen Umbruchs und des Wandels von der alles dominierenden Montanindustrie zu einem modernen Dienstleistungsstandort. Diese Entwicklung bietet eine großartige Chance für Politik, Wirtschaft und Gesellschaft, Neues zu gestalten.

Damit wird das Ruhrgebiet zu einer Modellregion für ganz Deutschland. Für das gesamte Land gilt, dass es nur dann im internationalen Wettbewerb bestehen kann, wenn es sich ständig weiterentwickelt und traditionelle Industrien mit neuen Ideen verbindet. Genau hier hat das Ruhrgebiet über Jahrzehnte Erfahrungen gesammelt, von denen nun andere Regionen profitieren können. Der beeindruckende Strukturwandel der Region kann als Vorbild für andere dienen.

Von den Erfahrungen an der Ruhr können andere profitieren

Denn Stillstand bedeutet überall Rückschritt. Die Devise lautet: Wir können nur so teuer sein, wie wir besser sind. Deutschland verfügt nur über wenige Rohstoffe in der Erde. Deshalb sind Innovation, Forschung und Bildung die Schlüssel für Wohlstand und Arbeitsplätze. Aus diesem Grund hat sich die Bundesregierung das Ziel gesetzt, die Ausgaben für Forschung und Entwicklung auf drei Prozent des Bruttoinlandsprodukts bis 2010 zu steigern. Hierbei kommt meinem Haus als Wirtschafts- und Technologieministerium eine Schlüsselrolle zu. Wir haben die Mittel zur Technologieförderung im Zeitraum von 2006 bis 2008 um sechzehn Prozent gesteigert. Erstmals gibt mein Haus 2008 mehr Geld für Zukunftstechnologien aus als für die Förderung von Steinkohle. Diese hat in der Vergangenheit für eine enorme Wirtschaftskraft gesorgt, doch für die Zukunft brauchen wir eine neue Gewichtung. Mehr noch: Die Bundesregierung hat auch die Finanzierungsbedingungen für Unternehmen verbessert. Dies ist wichtig, weil Forschung und Innovation in der Regel aus den Gewinnen beziehungsweise aus dem Cashflow finanziert werden. Zudem haben wir für Wagniskapitalgesellschaften, die in die Gründung von jungen Technologieunternehmen investieren, die steuerlichen Rahmenbedingungen ausgebaut.

Deutschland ist auf eine enge Kooperation von Wissenschaft und Wirtschaft angewiesen

Der Hightech-Standort Deutschland ist auf eine enge Kooperation von Wissenschaft und Wirtschaft angewiesen, damit aus Ideen Patente und aus Patenten Arbeitsplätze werden. Mit seinem dichten Netz von Hochschulen und außeruniversitären Einrichtungen verfügt das Ruhrgebiet über eine einzigartige Bildungslandschaft. Das hier produzierte Wissen muss gehalten, genutzt und eingesetzt werden. Innovationen, Forschung und Entwicklung sind nicht nur bestimmende wirtschaftliche Faktoren, sie steigern auch die Attraktivität und Anziehungskraft der gesamten Region.

Wichtiger als in anderen Teilen Deutschlands ist im Ruhrgebiet die Rolle der Städte. Standortkonkurrenz zwischen den Kommunen war an der Tagesordnung – und ist es teilweise immer noch. Aber die Betrachtung der Gesamtregion als Wirtschaftsstandort gewinnt mehr und mehr an Boden, Regionalmanagement ist mittlerweile ein weithin akzeptiertes Instrument. Das alles stimmt optimistisch für die künftige Entwicklung. Die Städte müssen dafür sorgen, dass sie ihre Attraktivität neu schaffen, erhalten und erhöhen.

Gefragt sind mehr Bereitschaft zum Wagnis und mehr Kreativität

Die sogenannten weichen Standortfaktoren wie Bildungs- und Kultureinrichtungen, gute Umweltbedingungen und ausreichende Erholungsmöglichkeiten sind nach wie vor von erheblicher Bedeutung für die Wirtschaft. 2010 wird Essen als Kulturhauptstadt Europas ein neues Bild des gesamten Ruhrgebiets in die EU tragen.

Doch in erster Linie ist die Wirtschaft Trägerin von Wachstum und Innovation. Sie kann und muss mehr leisten: Gerade in Zeiten, in denen die Orientierung an internationalen Märkten ständig an Bedeutung gewinnt, müssen Unternehmen sich ihrer regionalen Verankerung bewusst bleiben und die Metropole Ruhr über die Landesgrenzen hinaus zu einem weltweit bekannten Markenzeichen machen. Das gilt nicht nur für die global tätigen großen Konzerne.

Darüber hinaus sind die Unternehmerinnen und Unternehmer selbst gefordert. Mehr Wagnisbereitschaft und Kreativität, mehr Zusammenarbeit in Kooperationsnetzwerken sind gefragt. Dies darf nicht nur den Jungen oder den Existenzgründern überlassen bleiben.

Häufig erfahren die Menschen Strukturwandel, also das Ergebnis von Modernisierung und Fortschritt, als Verlust von Heimat und wehren sich dagegen. Wer deshalb die Region voranbringen will, sollte das bedenken und die Menschen mitnehmen – eine große Aufgabe mit hoher Verantwortung für die Meinungsführer. Insofern wünsche ich mir die Metropolregion Ruhr als ein Stück Heimat im besten Sinne. Meine Vision ist: Eine Region, die mit wirtschaftlicher Kompetenz und intelligenter Nutzung der eigenen Ressourcen die notwendigen Veränderungsprozesse selbst steuert – und die weit über die Grenzen des Landes Nordrhein-Westfalen hinaus glänzt.

FRANK GOOSEN kam 1966 in Bochum zur Welt. Nach dem Abitur 1986 studierte er in Bochum Geschichte, Germanistik und Politik. Es folgten literatur-kabarettistische Auftritte in Kneipen („Tresenlesen"), erste Theatererfahrungen und 2001 der erste Roman („Liegen lernen"). Im Februar 2007 hatte das Programm „A40 – Geschichten von hier" Premiere, das über das Ruhrgebiet, seine Sprache, seine Eigenheiten erzählt.

Fürchtet euch nicht!

Manchmal hat man den Eindruck, der Rest der Welt hat Angst vor dem Ruhrgebiet. Fliegen da nicht immer noch Briketts durch die Luft? Sind die Leute nicht unhöflich und tragen billige weiße Sportsocken? Na gut, die Wohlmeinenden behaupten, da bewege sich etwas, da breche etwas auf.

Gibt es einen Aufbruch an der Ruhr? Schon lange. Aufbruch und Veränderung sind unser zweiter und dritter Vorname. Diese Gegend hat es vor zweihundert Jahren noch nicht gegeben, dann wurde sie aus dem Boden gestampft, qualmte und kokste vor sich hin, fing an zu röcheln, legte sich nieder und stand wieder auf, mit sauberer Lunge und immer noch nur Fußball im Kopf. Seitdem das Zechensterben Ende der Fünfziger begann, ist das Ruhrgebiet auf der Suche nach einer neuen Idee von sich selbst. Von der Maloche von früher will man nichts mehr wissen, hasst nichts so sehr wie das Klischee vom rußverschmierten Bergmann und sagt jedem, der es nicht hören will, dass es hier ganz viele Bäume gebe. Man hat sich in die Defensive drängen lassen und tut sich immer noch schwer damit, da wieder

Aufbruch und Veränderung sind unser zweiter und dritter Vorname

herauszukommen. Wir sind mindestens so arm wie Berlin, nur behauptet hier keiner, wir seien auch sexy.

Das Ruhrgebiet wird unterschätzt. Darin liegt eine große Chance, weil man in dieser Position nur positiv überraschen kann. Gerade für Kreative müssten wir ein Dorado der Ideen sein. Die Geschichten liegen auf der Straße, und kaum einer hebt sie auf. Hier hat ein beispielloser Umwälzungsprozess stattgefunden, der die Geschichte der zweiten Hälfte des zwanzigsten Jahrhunderts spiegelt, belegbar in profanen Zahlen: Mitte der Fünfziger arbeiteten mehr als 700000 Menschen im Bergbau, heute noch etwas über 30000. Dass hier nicht alles ein riesiger Slum ist, stellt, bei allen Problemen, die es noch immer gibt, eine große soziale und politische Leistung dar. Nur interessiert das niemanden.

Dass hier nicht alles ein riesiger Slum ist, stellt eine große Leistung dar

Das liegt auch daran, dass wir diese Leistung nicht selbstbewusst genug kommunizieren. Was das Ruhrgebiet braucht, ist der Mut zum Klischee. Kein Bayer hat ein Problem damit, wenn an hohen Feiertagen Würdenträger und einfache Leute im Trachtenjanker und mit Gamsbart am hässlichen Hut vor krachledernen Blaskapellen durch die Straßen ziehen. Hier verweist man lieber darauf, dass in Herten die modernste Müllverbrennungsanlage Europas steht. Und beauftragt eine Düsseldorfer Agentur damit, einen international öffentlichkeitswirksamen Slogan zu entwickeln. Da wird lange gekreißt und dann ein Monster geboren: „Ruhr^{n} Teamwork Capital“. Man sieht es praktisch vor sich, wie Scharen von indischen IT-Spezialisten sich zu Reisegruppen zusammenfinden, um diesem Zauberspruch zu folgen. Warum erfindet für uns keiner etwas wie „Wir können alles – außer Hochdeutsch“?

Die Identität hier gründet nun mal auf Maloche, selbst für den Verfasser dieser Zeilen, der in seinem ganzen Leben noch nicht hart gearbeitet hat – jedenfalls nicht im Vergleich zu seinem Vater, seinem Onkel, seinem Oppa und all den anderen, die früher beim Frühschoppen neben Papa standen und in rauem Idiom unanständige Witze rissen. Das Proletarisch-Kleinbürgerliche von Schrebergarten, Eckkneipe und Pommesbude steckt in unserem Erbgut, auch wenn diese Orte für uns nur noch Erinnerungswert haben und wir selbstredend lieber beim Italiener, Spanier oder Inder unsere Weine schlürfen.

Der Widerspruch zwischen Einheit und Zerrissenheit

Eines der größten Probleme des Ruhrgebiets besteht in dem Widerspruch zwischen Einheit und Zerrissenheit. Werden wir von außen angegriffen, entwickeln wir eine schlagkräftige Kollektividentität. Die alten Beleidigungen ziehen nicht mehr. Im Stadion wird der Versuch gegnerischer Fans, die Einheimischen als „Ruhrpottkanaken" zu verunglimpfen, mittlerweile mit dem stolzen Gesang beantwortet: „Ruhrpottkanaken! Wir sind die Ruhrpottkanaken! Ruhrpottkanaaaaken! Wir sind die ..." – auf die Melodie von „Guantanamera".

Gleichzeitig gönnen die Borussen den Schalkern nicht „dat Schwatte unterm Fingernagel". (Die Bochumer gönnen es beiden nicht.) Aber das ist auch nicht nötig. Man wird diese Gegend nicht einen können, wenn man ihre Rivalitäten negiert. Dortmunder Unholde haben vor mehr als sechshundertfünfzig Jahren dem Grafen Engelbert von der Mark ein paar Kühe geklaut. Der Graf rief Bochumer Junggesellen zu Hilfe, die angeblich auf einem Feld bei Harpen die Dortmunder vertrimmten und dem Grafen die Kühe zurückbrachten. Das wird heute noch im „Maiabendfest" am letzten Aprilwochenende gefeiert. Noch Fragen?

Abgesehen von mehr Selbstbewusstsein und jeder Menge Geld braucht diese Gegend, wenn sie Metropole werden will, vor allem etwas ganz Profanes: einen funktionierenden, einheitlichen öffentlichen Personennahverkehr. Mehr als zwanzig Verkehrsbetriebe wurschteln hier vor sich hin. In den Städten gibt es unterschiedliche Schienenbreiten, und während die Fahrt von Hauptbahnhof zu Hauptbahnhof eine Sache von Minuten ist, sollte man sich bei einem Trip von Vorort zu Vorort ordentlich Proviant einpacken.

Wir laden euch ein, euren Begriff von Schönheit zu erweitern

Kulturhauptstadt sind wir schon lange, und 2010 kriegen wir auch den Titel. Bäume gibt es woanders auch, im Zweifelsfalle sogar mehr als hier, und die Hügel im Ruhrtal kennen keine Gletscher. Was wir haben, und das haben wirklich nur wir, ist das Erbe einer untergegangenen Zeit, die Zeugnisse einer Industrie, in der unsere Väter und Großväter in mehr als einer Hinsicht ihr Leben in der Arbeit verloren. Wir laden euch ein, euren Begriff von Schönheit zu erweitern: Natur wird überschätzt, wir bieten euch Kathedralen aus Stahl. Und Frikadellen und Mettbrötchen, zwei Pils, zwei Kurze und jede Menge schmutzige Wörter: Arschlecken & Rasieren einsfuffzich. Kommt und pflückt mit uns Briketts aus der Luft!

Fürchtet euch nicht!

Und unsere Socken gehen nur uns etwas an.

PROFESSOR DIETER GORNY, 1953 in Soest geboren, studierte nach dem Abitur Kontrabass, Klavier und Komposition und arbeitete als Orchestermusiker und Musiklehrer. 1989 rief er die Popkomm ins Leben, Deutschlands größte Musikmesse. 1993 gründete er den Musiksender Viva. Heute ist Gorny künstlerischer Direktor der Ruhr 2010 GmbH, die das Projekt Kulturhauptstadt Europas 2010 vorbereitet und ausrichtet.

Wer Interesse weckt, ist im Vorteil – in der Musik genauso wie im Markt

Kreativität wird zu einem wirtschaftspolitischen Leitmodell. Seit der amerikanische Soziologe Richard Florida den Begriff der kreativen Klasse prägte, hat sich die Erkenntnis durchgesetzt, dass vermeintlich weiche Faktoren wie Kreativität, Phantasie und Kultur in hochentwickelten Gesellschaften eine entscheidende Triebkraft für wirtschaftliches Wachstum darstellen. Dass einem scheinbar wirtschaftsfremden Begriff wie Kreativität nun diese Bedeutung zugesprochen wird, kommt nicht von ungefähr: In den vergangenen Jahren hat sich die Kreativwirtschaft von einer Nischenbranche zu einem der zukunftsträchtigsten Wirtschaftszweige entwickelt und gezeigt, dass Kreativität in der Entwicklung von Produkten, Inhalten und Dienstleistungen durchaus signifikante Umsätze und Wachstumsraten generieren kann.

Von der Nischenbranche zum zukunftsträchtigen Wirtschaftszweig

Standorte profitieren von kreativen Potentialen. Die Existenz einer starken Kreativwirtschaft bildet darüber hinaus auch den Nährboden für dynamische Effekte in anderen Bereichen von Wirtschaft, Gesellschaft und Politik: Die Einführung kreativer Prozesse in die Produkt- und Serviceentwicklung setzt neue Impulse in klassischen Industriebranchen. In der Stadtplanung gibt es neue Konzepte, wie urbane Räume mit Leben gefüllt und für ein nachhaltiges, zukunftsfähiges Miteinander von Wohn- und Arbeitswelt gestaltet werden können. Dadurch erhalten viele Städte und Regionen ein neues Gesicht, was wiederum den Bürgern neue Identifikationsmöglichkeiten bietet und attraktive Ansatzpunkte für Stadtmarketing und Tourismus setzt. Zwischen Wirtschaft und Politik ergeben sich neue Kooperationsmöglichkeiten, von denen Kunst und Kultur profitieren. Kurz: Es entsteht ein komplexes Geflecht von Synergien und Netzwerkeffekten, mit denen sich Ideen und Innovationen in Wirtschaft und Gesellschaft multiplizieren.

Die second cities können sich längst mit den Mega-Metropolen messen

Wie einzelne Standorte von der Freisetzung ihrer kreativen Potentiale profitieren können, zeigt sich an vielen Orten in Europa. Neben den traditionellen Mega-Metropolen wie London oder Paris haben sich eine ganze Reihe sogenannter second cities gebildet, deren Popularität und Renommee sich mit den Mega-Citys längst messen kann. Das kulturelle und soziale Leben in Städten wie Barcelona, Wien, Amsterdam oder – um ein Beispiel aus Nordrhein-Westfalen zu nennen – Köln steht an Vielfalt und Lebendigkeit den großen Metropolen kaum nach. Da sie von den Spätfolgen industrieller und demographischer Wucherungen meist weniger betroffen sind oder aufgrund ihrer kompakteren Größe bessere Möglichkeiten haben, damit proaktiv umzugehen, bieten sie zudem ein hohes Maß an Lebensqualität und Überschaubarkeit, das sich in den „first cities“ so kaum noch finden lässt.

Im Ruhrgebiet haben wir die Chance, einen ähnlichen Prozess voranzutreiben, nämlich kreative Potentiale zu nutzen, um einen Standort neu zu definieren und zukunftsfähig zu machen. Die Ernennung zur Kulturhauptstadt

Schnittstellen für neue Synergien und positive Markteffekte

2010 ist ein hervorragender Anlass, die Attraktivität des Standorts und die vorhandenen kreativen und kulturellen Netzwerke durch gezielte kulturelle und wirtschaftspolitische Maßnahmen zu fördern und nach außen zu profilieren. Das Ruhrgebiet besitzt, dank seiner geographischen Lage, seiner historisch gewachsenen Infrastruktur sowie der Größe und Zusammensetzung seiner Bevölkerung genau das richtige Gewicht, um eine führende Rolle unter den kreativen Standorten Europas einzunehmen und dabei ein menschliches Maß nicht aus den Augen zu verlieren. Die öffentliche Aufmerksamkeit hilft uns, Brücken zu schlagen zwischen Kultur und Wirtschaft: So können wir dazu beitragen, Schnittstellen für neue Synergien zu Innovationen und positive Markteffekte zu schaffen, die sich heutzutage besonders durch die Möglichkeiten der neuen Technologie ergeben.

Zum einen entwickeln wir damit für die Region selbst ein modernes Selbstverständnis, das auf gewachsenen Strukturen und Traditionen aufbaut. Zum anderen wollen wir damit auch über die Grenzen des Ruhrgebiets hinaus zeigen, wie Kreativität als entscheidender Faktor für zukunftsgerichtete wirtschaftliche und gesellschaftliche Entwicklung eingesetzt werden kann. Kreativität ist das Talent, unterschiedliche Elemente zusammenzuführen, um daraus etwas Neues und Interessantes zu schaffen, das es vorher noch nicht gegeben hat. Und wer Interesse weckt, ist immer im Vorteil – in der Musik genauso wie im Markt, in Politik und Gesellschaft.

WEIHBISCHOF DR. H.C. FRANZ GRAVE wurde 1932 in Essen geboren und 1959 in der Essener Domkirche zum Priester geweiht. Er arbeitete als Kaplan und Religionslehrer und wurde 1966 Diözesanpräses der Deutschen Kolpingfamilie im Bistum. 1988 ernannte ihn Papst Johannes Paul II. zum Weihbischof. 1992 wurde Grave Vorsitzender der Bischöflichen Aktion Adveniat. Er ist begeisterter Bergsteiger, Ski-Langläufer und Fan des MSV Duisburg.

Die geistigen Flöze oder: Werte, die in keinem Jackpot stehen

Wo Zukunft in den Blick genommen wird, muss Gegenwart analysiert werden – und darf Vergangenheit, in der wir verwurzelt sind, nicht vergessen werden.

Tugenden wie Treue und Verlässlichkeit ließen die Menschen zusammenstehen

Der Bergbau hat das Ruhrgebiet über hundert Jahre lang groß und bedeutend gemacht. Bergmännische Tugenden wie Treue und Verlässlichkeit ließen die Menschen hier auch in schwersten Zeiten zusammenstehen. Solidarität und Gerechtigkeit haben uns den Wohlstand beschert, in dem viele von uns auch jetzt noch leben.

Dass hier Grubenfelder erschlossen wurden; dass große Städte wuchsen; dass immer neue technische Möglichkeiten halfen, der Erde die Kohle abzuringen; dass die Kumpel tausend Meter tief in mächtigen Flözen arbeiteten: Das alles bewegt uns bis in die Gegenwart; auch wenn wir inzwischen eine Region innovativer Techniken, der Wissenschaften, der Dienstleistungen und anderer wirtschaftlicher Zukunftsbereiche sind. Unser Verständnis von Leistung, von Solidarität und Zusammenhalt bis hin zur Integration anderer Völker hat stärkste Wurzeln in der

Arbeit in den Flözen und an den Hochöfen. Dieses Verständnis bestimmt unser Leben bewusst oder unbewusst noch immer.

Es gibt andere Flöze, die unsere Region geprägt haben und ihr bis heute Energien liefern. Es sind Flöze geistiger, religiöser Art. Auch sie sind mächtige Flöze. Sie wurden erschlossen, lange bevor die ersten Schächte abgeteuft wurden. Bischof Altfrid, der vor elfeinhalb Jahrhunderten lebte, begründete auf dem Fundament christlichen Glaubens ein Netzwerk, das von Duisburg bis Dortmund Bildung, Kultur, Wirtschaft, Handel, soziales Miteinander ermöglichte. Und Jahrhunderte hindurch haben christliche – welttüchtige, nicht weltflüchtige – Frauen und Männer das Leben dieser Region erfolgreich mitgestaltet. Das hat ebenfalls nichts von seiner Bedeutung für uns und unsere Zukunft verloren. Glaube und Gesellschaft, Christentum und Kultur, Gebet und Arbeit, Mystik und Politik bedingen einander. Sie sind nicht zu trennen, wenn die Frage nach der Zukunft des Ruhrgebiets sinnvoll beantwortet werden soll. Wenn gesellschaftliche Werte wie Gerechtigkeit, Solidarität, Menschenwürde nicht an Gültigkeit und Ansehen verlieren sollen. Wenn nicht aufgrund weiterer massiver Einschnitte in allen Lebensbereichen immer mehr Menschen durch die Maschen unseres sozialen Netzes fallen sollen.

Christliche Frauen und Männer haben das Leben der Region erfolgreich mitgestaltet

Wir diskutieren über immense Gehälter und Abfindungen für Manager auf der einen Seite und die Entlassung von ebenso hart arbeitenden Männern und Frauen auf der anderen – und fragen: Ist das gerecht? Wir fragen: Ist es gerecht und kann eine Gesellschaft es akzeptieren, wenn Elternschaft Menschen an den Rand drängt? Wir fragen: Dürfen wir durch ein ungebremstes Konsumverhalten auf Kosten der zukünftigen Generation leben, ihre Lebenschancen buchstäblich vernaschen? Wir müssen auch fragen, und das ist fast eine Gretchenfrage: Was geben wir jungen Menschen an lebensnotwendigen Werten mit? Werte, die mit Geld nicht zu bezahlen sind, die in keinem Jackpot liegen, die Sinn stiften, die Orientierung bieten. Wir wissen längst, dass ein materiell sattes Leben noch kein menschlich erfülltes Leben ist. „Die nächsten Jahre und Jahrzehnte werden zunehmend der Sinnorientierung gehören", sagt ein zeitgenössischer Freizeitforscher. Er ist sich sicher: „Nicht Konsum, sondern die Suche nach dem Sinn wird im Mittelpunkt stehen."

Ich bin fest davon überzeugt: In die Zukunft des Ruhrgebiets müssen wir unsere Vergangenheit und Gegenwart mit Gott einbringen. Ob die Schere zwischen Reich und Arm weiter auseinandergeht oder nicht, hängt mit davon ab, wie weit sich die christliche Soziallehre mit ihren Prinzipien Gemeinwohl, Solidarität und Subsidiarität in der Praxis durchsetzt. Ob sozialverträgliche Reformen die Arbeitslosigkeit stoppen, das hängt mit von Christen in der Politik und in der Welt der Arbeit ab. Ob zusätzliche Ausbildungsplätze für Jugendliche und Arbeitsplätze für Behinderte bereitgestellt werden, das hängt mit von solidarisch denkenden und engagiert handelnden Christen ab.

Gerade in Zeiten des Werteverfalls ist ein unbestechliches Zeugnis gefragt

Gerade in einer Zeit wachsenden Werteverfalls und zunehmender Ichgefälligkeit ist ein unbestechliches Zeugnis gefragt. Den Menschen Gott zu unterschlagen, würde unsere Herkunft, unsere Identität verleugnen – und unsere Zukunft verbauen. Wenn es auch mit den Kohleflözen zu Ende geht, aus denen wir Energie für Öfen und Maschinen bezogen haben: Die mächtigen geistigen Flöze, die unsere Region und unsere Gesellschaft seit über einem Jahrtausend durchziehen, liefern ihre Energien weiter.

JÜRGEN GROSSMANN wurde 1952 in Mülheim an der Ruhr geboren. Er studierte Eisenhüttenkunde und Wirtschaftswissenschaften. 1980 begann er seine berufliche Karriere im Klöckner-Konzern, wo er 1991 in den Holding-Vorstand aufstieg. 1993 übernahm er für zwei Mark die Georgsmarienhütte und sanierte das Unternehmen. Seit Oktober 2007 ist Großmann Vorsitzender des Vorstandes der RWE AG.

If you can dream it, you can do it

Das Kaff der guten Hoffnung – so beschreibt der Kabarettist Hagen Rether, spöttisch und zugleich liebevoll, seinen Wohnort Essen. Eine kabarettistische Überzeichnung. Aber sie trifft Tonlage und Mentalität der Menschen an Ruhr und Emscher. Sie machen sich gern lustig über ihre Region und über sich selbst, über die Härten des Alltags und die Schwächen der Menschen. Und unterkriegen lassen sie sich schon gar nicht.

Wer in der Zukunft leben will, muss in der Vergangenheit blättern

Das Ruhrgebiet ist ein einzigartiges Stück Deutschland. Es bezog und bezieht seine Stärke aus seiner Lage im Herzen Europas, aus seinen Ressourcen, aus der Tatkraft, der Offenheit und dem Optimismus seiner Bewohner. Als gebürtiger Mülheimer, also als Kind des Reviers, weiß ich, wovon ich rede. Meine Verbundenheit mit dem Ruhrgebiet war mit ein Grund, die Aufgabe bei RWE anzunehmen.

Hier ist der Mensch stolz auf das Geleistete, und er blickt selbstbewusst nach vorn. „Wer in der Zukunft lesen will, muss in der Vergangenheit blättern", sagt der französische Literat und Politiker André Malraux. Genau das kann man hier. Wie in einem Brennglas spiegelt diese Region das Industriezeitalter und die Auseinandersetzung damit. Das gilt für die vergangenen hundertfünfzig Jahre, und das wird auch in Zukunft gelten: Ein Land, das Exportweltmeister bleiben will, muss weiterhin Industriestaat sein. Beides ist ohne Energie nicht möglich. Und damit ist schon viel gesagt über die Zukunft meines Unternehmens, das seit mehr als 100 Jahren in dieser Region beheimatet ist.

Ohne leistungsstarke Unternehmen kann es keine vitalen Regionen geben. Das galt gegen Ende des 19. Jahrhunderts für die Gründerjahre, die den ersten Boom brachten. Das galt für die Mitte des 20. Jahrhunderts, für den Aufbau der Bundesrepublik, den die Kohle befeuerte und der Stahl stützte. Und das gilt auch jetzt zu Beginn des 21. Jahrhunderts, wo wir uns für den Übergang ins solare Zeitalter rüsten.

Wir bei RWE wollen in zehn Jahren zu den führenden Anbietern von Strom aus erneuerbaren Energien gehören. Ihr Anteil an unserer Stromerzeugung soll dann zwanzig Prozent betragen. Dafür werden wir in den nächsten Jahren mindestens eine Milliarde Euro pro Jahr investieren. Damit fügen wir uns ein in das, was in dieser Region Realität ist – auch wenn ihr Image immer noch von Hochöfen und Bergwerken geprägt ist.

In den vergangenen Monaten habe ich mich an vielen Orten vom Strukturwandel in der Region überzeugt. Beispielsweise in Bottrop. In den 60er Jahren waren dort noch etwa 50 Prozent der Einwohner in der Kohle tätig. Heute hat fast jeder Zweite einen Arbeitsplatz im Dienstleistungssektor. Eine Vielzahl von Unternehmen prägt das neue Gesicht der Stadt. Der Wasserstoffpark oder die Erschließung des Geothermiefeldes „Nordlicht" zeigen, dass auch bei der Energieversorgung innovative Wege beschritten werden. Ein anderes Beispiel ist Gelsenkirchen. Auch hier geht man neue Wege. Auf den Flächen der alten

Auch in der Energieversorgung gehen wir innovative Wege

Industriestandorte sind Zukunftsindustrien heimisch geworden. Kommunikations- und Informationstechnik finden sich darunter und auch neue Energietechnologien wie die Solarindustrie.

An guten Ideen mangelt es nicht. Das zeigt das Projekt „Metropole Ruhr 2030". Der Ansatz des Initiativkreises Ruhrgebiet ist überzeugend. Er führt Bereiche zusammen, die für das Ruhrgebiet stehen. „Energie", „Stahl- und Metallverarbeitung/Werkstoffe" und „Logistik" – da ist die Region traditionell stark. Und da muss, da kann sie auch in Zukunft stark sein. Da bieten sich Chancen, im Wettbewerb mit anderen Metropolregionen zu punkten.

Notwendige, aber nicht hinreichende Bedingung

Doch Tatkraft, Optimismus, Offenheit und Witz werden nicht ausreichen, um diesen Wettbewerb auch zu gewinnen. Sie sind, um es mathematisch zu sagen, notwendige, aber nicht hinreichende Bedingungen. Die Notwendigkeit von Firmenschließungen hat eben auch schmerzlich klargemacht, dass Arbeitswille und Fleiß nicht ausreichen. Wissen muss – neben der Sonne – der neue Rohstoff des Reviers sein.

Selbstzufriedenheit ist völlig fehl am Platz. Wir müssen wieder einmal die Ärmel aufkrempeln. Die „Metropolenregion Ruhr" mag für Politiker und Wirtschaftsförderer eine berauschende Vision sein. Fakt ist aber: In den Köpfen der sogenannten globalen Elite ist diese Botschaft noch nicht angekommen. Fragt man junge Führungskräfte, wo sie arbeiten möchten, fallen Namen wie London oder Hamburg. Das Ruhrgebiet ist nicht dabei. Die Kommunen der Metropolenregion Ruhr laufen weiterhin Gefahr, sich in endlosen Diskussionen zu verzetteln. Diese Kirchturmmentalität ist tödlich. 53 Bürgermeister ohne ein einheitliches Sprachrohr nach draußen? Das kann nicht funktionieren. Metropole kann nur da sein, wo gemeinsam gehandelt wird. Nur so haben wir eine Chance gegenüber den heutigen Metropolen wie Paris, Helsinki oder Berlin.

Als Kulturhauptstadt Europas im Jahr 2010 hat sich das Ruhrgebiet bereits gegen namhafte Konkurrenz durchgesetzt. Ein erster Schritt ist getan. Das zeigt, dass unser kulturelles Engagement auch über die Grenzen hinaus einen ausgezeichneten Ruf genießt. Die Kulturhauptstadt muss nun beweisen, dass sie auch jenseits der Kultur in der Champions League mitspielt. Das geplante Feuerwerk an Attraktionen kann das Fenster zur Welt aufstoßen. Nachhaltig verankern können uns aber nur leistungsfähige Strukturen und eine vitale Wirtschaft.

Auch jenseits der Kultur in der Champions League

„If you can dream it, you can do it.“ Mit diesem Motto hat Walt Disney sein Imperium aufgebaut. Es kann, nein, es sollte Motto aller hier im Revier sein, die sich, ihr Unternehmen und damit die Region zukunftsfähig machen.

FRANZ M. HANIEL, geboren 1955, ist Vorsitzender des Aufsichtsrates des seit 1756 in Familienbesitz befindlichen Unternehmens Haniel, das rund 29 Milliarden Euro Umsatz erwirtschaftet und vornehmlich im Handel und im Dienstleistungssektor tätig ist. Die Unternehmensanteile werden von rund 550 Familienmitgliedern gehalten. Die Einigkeit der Familie zu erhalten ist das Anliegen von Franz M. Haniel: „Der Zusammenhalt will erarbeitet sein."

Talent zum Wandel

Sich permanent zu verändern und dabei authentisch zu bleiben – dies ist eine Kunst, die das Ruhrgebiet beherrscht. Es war nicht immer einfach, aber immer gab es Lichtblicke am Horizont: Vielversprechendes, Ermutigendes, Inspirierendes.

Das Ruhrgebiet hat schon viele Krisen gemeistert, vor allem durch das ausgeprägte Talent, sie in Chancen umzuwandeln. Heute kann die Region auf eine Zukunft voller Perspektiven blicken. Dies ist nicht nur ihrem Facettenreichtum zu verdanken, sondern in erster Linie den Menschen:

Eine Zukunft voller Perspektiven

Den Weitsichtigen, die früh die günstige Lage zwischen Rhein und Ruhr genutzt haben. Ansässige Unternehmen setzten sich schon im frühen 19. Jahrhundert für den Ausbau der Wirtschaftsadern zu Land, zu Wasser und auf der Schiene ein, die noch heute wesentliche Bedeutung haben.

Den Energiebündeln, die aus dem Strukturwandel der Montanindustrie nicht das Aus für die Industrieregion ableiteten. Sondern die es verstanden, die reichhaltigen Potentiale in neue Bahnen zu lenken.

Den Visionären, den Bodenständigen und den Unermüdlichen, die – jeder auf seine Art – dem Ruhrgebiet seinen unverwechselbaren Charakter geben. Die sich nicht unterkriegen lassen, die zupacken und weitermachen. Immer bereit, Vergangenes ruhen zu lassen, wenn die Zeit dafür reif ist. Und mutig genug, sich dem Neuen zu öffnen, ohne dabei an Individualität einzubüßen. Dies macht nicht nur den authentischen und liebenswerten Charakter der Region aus, sondern auch ihr enormes Entwicklungspotential.

Da hat die Region viel Erfreuliches zu bieten: neue Wachstumsbranchen, wirtschaftlich erfolgreiche Unternehmen, die vielen Menschen Arbeitsplätze bieten, eine spannende Hochschul- und Forschungslandschaft sowie ein vielschichtiges Kulturleben, das auswärtige Besucher ebenso anzieht wie neue Talente.

Die Bereitschaft zur Veränderung wird auch in Zukunft eine der großen Aufgaben bleiben für die Region. So ist es Zeit, beherzt die Chancen zu ergreifen, die sich aus der geographischen Verdichtung ergeben. Vernetzung ist hier das Stichwort. Kirchturmpolitik und zu kleinteilige Verwaltungsstrukturen gilt es hinter sich zu lassen. Dass daraus neue Stärken erwachsen, ergibt sich nirgendwo so zwingend wie im Ruhrgebiet. Der Blick über den Tellerrand muss unbedingt über die Grenzen der eigenen Gemeinde, ja über die Grenzen Deutschlands hinausgehen. Das Ruhrgebiet wird seine Wachstumschancen enorm steigern können, wenn es sich als eine große zusammenhängende Region versteht und daraus entsprechendes Handeln ableitet.

Sich nicht unterkriegen lassen, zupacken, weitermachen

Internationalisierung ist aus vielen Gründen für die Region und die hier ansässige Wirtschaft wichtig, unter anderem sichert sie Wettbewerbsfähigkeit und Arbeitsplätze. In manchen Bereichen, wie zum Beispiel in der Stahlindustrie, funktioniert dies schon: Hier ist der Horizont weltumspannend. Durch den erfolgreich gestalteten

Strukturwandel sind Unternehmen wie etwa Thyssen-Krupp heute weltweit Technologieführer. Auch Haniel hat sich als Handelshaus, gegründet 1756 in Duisburg-Ruhrort, hin zu einem global agierenden Konzern entwickelt. Gleichzeitig ist das Unternehmen seiner Kultur, seinen Werten und der Eigentümerstruktur immer treu geblieben. Der internationale Stellenwert von Unternehmen ist entscheidend, um neue Mitarbeiter zu akquirieren, die sich dann auch in der Region niederlassen. Entsprechende unternehmerische Aktivitäten sind deshalb in jeder Hinsicht zu begrüßen.

Wir müssen junge Leute gewinnen, die die Region bereichern

Junge Leute zu gewinnen, die das Ruhrgebiet dauerhaft zum Lebensmittelpunkt machen und durch ihre Talente und Fähigkeiten bereichern, wird einer der wesentlichen Aufträge für die gesamte Region sein. Dabei spielen nicht nur zukunftsträchtige Tätigkeitsfelder eine wichtige Rolle, sondern die Lebensqualität insgesamt, die das Ruhrgebiet ausstrahlt. Ein Klima, dem weiterhin viel Kreativität, Energie und Lebendigkeit zu wünschen ist. Auch in Zukunft wird damit nicht wenig Arbeit verbunden sein. Aber die Ärmel hochzukrempeln und dabei gute Laune zu behalten – dafür sind die Menschen im Ruhrgebiet prädestiniert.

NORBERT LAMMERT wurde 1948 in Bochum geboren. Nach dem Studium in Bochum und Oxford arbeitete er als Publizist. Seine politische Laufbahn – CDU-Mitglied wurde er 1966 – startete er im Rat der Stadt Bochum. 1980 kam er in den Bundestag. Von 1984 bis 1998 war er Parlamentarischer Staatssekretär in verschiedenen Ministerien. Seit 2005 ist Lammert Präsident des Deutschen Bundestages.

Wenn sich die Geschäftsgrundlage der Entwicklung verändert

Die Integrationskraft ungebrochen, das Selbstbewusstsein höher als je

Über das Ruhrgebiet ist fast alles gesagt. Kaum eine andere Region in Deutschland wird so oft beschrieben, beobachtet, bewundert und bemitleidet. Über Jahrzehnte hinweg Deutschlands größte und wichtigste Industrieregion, ist das Ruhrgebiet zum Paradebeispiel für eine Region im Strukturwandel geworden, deren Probleme freilich in der Regel deutlicher in Erscheinung treten als ihre Vorzüge. Die Wachstumsraten im Ruhrgebiet liegen seit Jahren niedriger, die Arbeitslosenquoten höher als im Landes- und Bundesdurchschnitt. Schon das belegt, dass der Strukturwandel im Ruhrgebiet im Vergleich zu konkurrierenden Regionen nicht zu schnell, sondern zu langsam stattgefunden hat.

Die Integrationskraft dieser durch Zuwanderung gewachsenen und wirtschaftlich stark gewordenen Region ist ungebrochen, das Selbstbewusstsein der hier lebenden Menschen höher als je zuvor. Die Leute im Ruhrgebiet sind stolz auf das Revier, sie identifizieren sich mit der Region und mit der Stadt, in der sie leben. „Glück auf!" ist noch immer die Begrüßungsformel im Bergbau – und nirgendwo sonst außerhalb dieser schrumpfenden Industriebranche.

Aber sie gibt durchaus das Lebensgefühl einer Region wieder, die mit sich und ihrem Schicksal im Großen und Ganzen sehr zufrieden ist. Zum Jammern neigen die Menschen im Ruhrgebiet nicht. Nach Stärken und Schwächen der Region befragt, fallen ihnen deutlich mehr Vorzüge als Probleme ein, was für die Menschen nicht weniger spricht als für die Region.

Für das Ruhrgebiet als industriell geprägte klassische Wirtschaftsregion hat sich vielleicht mehr als für irgendeine andere deutsche Region in den letzten Jahren die „Geschäftsgrundlage" der weiteren Entwicklung verändert. Das Ruhrgebiet ist politisch betrachtet zum ersten Mal wirklich Kernland Europas. Ob es tatsächlich ein bevorzugter Investitionsstandort in einem auch nach Osten zusammenwachsenden Kontinent sein wird. entscheidet sich nicht allein nach den Zufälligkeiten der Geographie, sondern an der messbaren Attraktivität der Region im Vergleich mit anderen Standorten in Europa. Die politische und ökonomische Zukunft des Ruhrgebiets hängt deshalb entscheidend davon ab, ob alle Verantwortlichen in Politik und Wirtschaft die mit den neuen Rahmenbedingungen verbundenen Chancen offensiv wahrnehmen.

Die erste und letzte Chance, das Ruhrgebiet neu zu erfinden

Die Wirtschaftsregion Ruhrgebiet muss morgen anders aussehen als heute und erst recht anders als gestern, wenn diese noch immer größte Wirtschaftsregion Westeuropas ihre frühere Leistungskraft und Dynamik zurückgewinnen will. Die Entscheidung für Essen und das Ruhrgebiet als europäische Kulturhauptstadt 2010 bietet die erste und für die überschaubare Zukunft wohl auch letzte große Chance, das Ruhrgebiet nicht nur in seiner bemerkenswerten Vitalität als eine der größten Kulturregionen des Kontinents darzustellen, sondern durch Mobilisierung der Potentiale der „Kreativwirtschaft" auch in seiner ökonomischen Perspektive gewissermaßen neu zu erfinden.

Schon heute sind in den kultur- und mediennahen Branchen weit mehr Menschen beschäftigt als in der klassischen Industrie. Die erfolgreiche Bewerbung von Essen für die ganze Region hat zum ersten Mal im internationalen Maßstab das Potential einer Metropole mitten in Europa verdeutlicht, deren Attraktivität nicht in der Addition von über 50 größeren und kleineren Kommunen, sondern in ihrer Verbindung besteht.

Eine gemeinsame politische Verfassung

Dem muss endlich auch eine gemeinsame politische Verfassung folgen. Bis heute ist das Ruhrgebiet die einzige Metropole in Europa, die auf keiner Landkarte zu finden ist. Als Solisten spielen selbst die „Halbstarken" Duisburg, Essen, Bochum und Dortmund nicht in der europäischen Champions League, und gemeinsam ist die Ruhr politisch nicht existent. Vor diesem Hintergrund gibt es drei wahrscheinliche Szenarien für die überschaubare Zukunft:

Erstens: Die Region organisiert sich politisch neu; sie sichert ihre Zukunft, indem sie gemeinsame Aufgaben in einem geeigneten institutionellen Rahmen gemeinsam anpackt.

Zweitens: Die Verweigerung einer großen Lösung zwingt einzelne Kommunen zu einem Zusammenschluss, der nicht die gesamte Region, wohl aber einen Kern des Ruhrgebiets als „Ruhrstadt" im Wettbewerb der deutschen und europäischen Metropolen erkennbar und konkurrenzfähig macht.

Drittens: Es bleibt, wie es ist, weil für notwendige Veränderungen die Kraft nicht reicht. Dann hat das Ruhrgebiet seine Zukunft hinter sich.

HERBERT LÜTKESTRATKÖTTER, Jahrgang 1950, kommt aus Ostwestfalen, promovierte als Ingenieur über Wasserbautechnik und startete seine Karriere bei der damaligen RWE-Tochter Lahmeyer, wo er zum Chef aufstieg. Von dort wechselte er zum Baukonzern Philipp Holzmann; dort war er Arbeitsdirektor. Nach einem kurzen Zwischenspiel beim Gebäudedienstleister Dussmann kam er zu Hochtief, wo er im April 2007 Vorstandsvorsitzender wurde.

Wir sind das Ruhrgebiet: Die Chancen des Wandels

„Als größte künstliche Landschaft Europas hat das Ruhrrevier die Chance, zum größten Kunstwerk der Welt zu werden." Der Satz klingt, als habe er dieser Tage in der Zeitung gestanden – geäußert vielleicht von einem Politiker oder dem Vertreter einer neuen Kampagne für die Metropole Ruhr. Aber die Vision ist 40 Jahre alt und stammt aus einem Aufruf des Künstlers Ferdinand Kriwet von 1968. Geschlossene Zechen, stillgelegte Hochöfen, Zehntausende verlorene Arbeitsplätze zeugten damals von der Realität des Strukturwandels – ein ganzer Wirtschaftsraum befand sich im Lähmungszustand. Das Ruhrgebiet begegnete seiner vielleicht größten Herausforderung: Es musste sich eine Zukunft schaffen.

Viele Visionen ließen sich realisieren. Wer heute zwischen Hamm und Hagen, Duisburg und Dortmund unterwegs ist, der kann was erleben: Freilichtkino auf Halden, Tauchen im Gasometer und Konzerte in alten Industriehallen. Die früheren Stätten der Arbeit haben sich zu begrünten Treffpunkten, zu Eventlocations mit hohem Freizeitwert entwickelt. Gearbeitet wird im Ruhrgebiet heute

Wer heute zwischen Duisburg und Dortmund unterwegs ist, kann was erleben

anderswo: in Labors und Hörsälen, in Technologie-, Logistik- und Handelszentren.

Mehr als 50 Prozent der Beschäftigten sind im Dienstleistungssektor tätig. Das Revier ist Spitze in der Hochtechnologie im Mikro- und Nanobereich, Telekommunikation und Computertechnik. Die traditionelle Energiekompetenz wird in neuen Energietechnologien weiterentwickelt. Über 40 Technologie-, Innovations- und Gründerzentren bieten gut 600 Unternehmen ein Zuhause im Revier. 22 deutsche Top-Konzerne haben sich in der Rhein-Ruhr-Region angesiedelt. Sechs Universitäten und neun Hochschulen machen das Ruhrgebiet zu Europas dichtester Bildungslandschaft. Und nirgends in Deutschland gibt es heute eine bessere medizinische Versorgung als im Ruhrgebiet.

Nirgends gibt es eine bessere medizinische Versorgung

Dieser Wandel hat dem größten Ballungsraum Deutschlands ein neues Gesicht gegeben – ihren Charakter hat sich die Region bewahrt. Viel von der Zukunft Ruhr liegt in der gemeinsamen Vergangenheit der Menschen im Revier. Der „Pott“ war und ist auch ein „Melting Pot“: Schon vor 150 Jahren entstand hier Deutschlands größter Schmelztiegel der Kulturen, Nationalitäten und Mentalitäten. Die daraus entstandene Sozialkultur der Toleranz und Aufgeschlossenheit ist überall ebenso spürbar wie die hohe Arbeitsmoral. Hier leben Macher, keine Bewahrer. Sie haben die tiefgreifende Veränderung ermöglicht und geprägt.

Und das, obwohl sie in der über Generationen währenden Dominanz von Bergbau und Stahlindustrie niemals zuvor über alternative Zukunftskonzepte nachdenken mussten. In Zeiten des Wandels kamen ihnen in Jahrzehnten harter Arbeit bewährte Tugenden wie Wille und Fleiß zugute. Auch der hohe technische Sachverstand, der sich durch die schwere und oft gefahrvolle körperliche Arbeit entwickelt hatte. Diese Begabung zum einen, ein gutes Gefühl für das Risikomanagement zum anderen sind tief verwurzelt – Talente, die heute in der Wirtschaft besonders geschätzt werden.

Auch bei Hochtief. Das Unternehmen, historisch für einige Zeit ein Teil des Stinnes-Konzerns, hat seit den 1920er Jahren seinen Hauptsitz in Essen und ist selbst ein gewachsener Teil des Ruhrgebiets. Auch bei Hochtief kehrte in Zeiten schwacher deutscher Baukonjunktur ein elementarer Wandel ein. Aus dem deutschen Bauunternehmen wurde ein internationaler Baudienstleister, ein Konzern mit weltweit mehr als 52 000 Mitarbeitern. Heute ist Hochtief nicht nur Arbeitgeber für mehr als 4000 Menschen in Nordrhein-Westfalen, sondern setzt sich auch mit seinen Kompetenzen dafür ein, den Wandel im Revier aktiv mitzugestalten.

Denn es gilt, neue Herausforderungen zu meistern – und als Chancen zu begreifen. Zum Beispiel den demographischen Wandel: Die Frage, wie die Versorgung der Älteren bei gleichzeitigem Fehlen der Jungen optimal gestaltet werden kann, wie sich die Städte der Entwicklung strukturell am besten anpassen lassen, stellt sich hier drängender als an jedem anderen Ort in der Republik, denn das Ruhrgebiet ist der Bevölkerungsentwicklung Deutschlands um etwa fünf Jahre voraus. Eine Situation, die sich nutzen lässt: Wegweisende Konzepte zum Umgang mit dem Wandel könnten künftig aus dem Ruhrgebiet stammen und Vorbildfunktion über die nationalen Grenzen hinaus gewinnen. Mit neuartigen Konzepten für die Entwicklung innerstädtischer Quartiere leistet Hochtief Pionierarbeit. Als Partner des Fraunhofer-Instituts sind wir zudem im „inHaus2“ in Duisburg an der Erprobung intelligenter Raum- und Gebäudesysteme beteiligt, die den sich ändernden Anforderungen aller Generationen gerecht werden.

Der Bevölkerungsentwicklung Deutschlands um ungefähr fünf Jahre voraus

Auch die Infrastruktur ist ein Zukunftsthema. Will das Ruhrgebiet sich künftig als führender Logistikstandort etablieren und bewähren, muss die Infrastruktur leistungsfähig sein. Nur eine gute Erreichbarkeit und effiziente Wege zu Lande, zu Wasser und in der Luft gewährleisten, dass der

Standortvorteil der zentralen Lage in der Mitte Europas bestmöglich ausgeschöpft werden kann. Auch hier ist Hochtief Wirtschaftspartner für die Verwirklichung von Plänen.

Das Credo des Wir-Gefühls

Ob Schulen, Straßen oder Verwaltungsbauten: Alle dringend benötigten Projekte müssen finanziert werden – eine erhebliche Herausforderung angesichts klammer öffentlicher Kassen. Abhilfe schaffen Public-Private-Partnership-Modelle, bei denen die Privatwirtschaft den Kommunen zur Seite steht. So hat Hochtief etwa das Rathaus der Stadt Gladbeck geplant, finanziert und gebaut und betreibt es 25 Jahre lang. Dafür zahlt die Stadt ein monatliches Nutzungsentgelt. Solche innovativen Partnerschaften sind zuverlässige Modelle, wenn es um die Realisierbarkeit und die Effizienz öffentlicher Projekte geht.

Die Beispiele zeigen: Unternehmen wie Hochtief sind wichtige Partner bei der Gestaltung des Zukunftsprojekts Ruhrgebiet. Gerade wenn es um die Konkurrenz zu anderen Metropolregionen geht, tun die Verantwortlichen gut daran, die vorhandene internationale Erfahrung und hohe Kompetenz der heimischen Wirtschaft zu nutzen. Als Unternehmensbürger, „Corporate Citizens", sind diese bereit, sich für die Region starkzumachen – das beweist das Engagement des Initiativkreises Ruhrgebiet.

In der kommenden Zeit wird es darauf ankommen, die vorhandenen Stärken und Gemeinsamkeiten noch bewusster als Erfolgsfaktor zu nutzen. Die Polyphonie der Meinungen, Forderungen und Ziele von Städten und Kommunen, Parteien, Gremien, Fachverbänden und Initiativen sollte sich zu einer gemeinsamen Stimme einen. Die Menschen im Revier selbst machen es vor. „Wir sind das Ruhrgebiet", so heißt ihr selbstverständliches, stolzes Heimatbekenntnis. Dieses Credo des Wir-Gefühls steht für die Zukunftsfähigkeit einer Region der Chancen.

HARTMUT MEHDORN wurde 1942 geboren. Der Maschinenbauingenieur begann 1965 bei Focke-Wulf, arbeitete dann für Airbus Industrie. 1984 wechselte er zu MBB. Von 1992 bis 1995 war er Mitglied des Vorstands der Deutschen Aerospace AG in München, anschließend bis 1999 Vorsitzender des Vorstands der Heidelberger Druckmaschinen AG. Seit Ende 1999 ist Mehdorn Vorsitzender des Vorstands der Deutschen Bahn AG in Berlin.

Die Bahn bewegt das Ruhrgebiet

Das Ruhrgebiet ist schon immer eine vitale Region gewesen, die sich durch Wandel und Entwicklung ausgezeichnet hat. Diesen Wandel gilt es zu gestalten. Aus der ehemals von Kohle und Stahl geprägten Region ist längst ein moderner Dienstleistungs- und Technologiestandort geworden; seine Bedeutung für Güter-, Personen-, aber auch Informationsströme wird in den kommenden Jahren noch zunehmen. Spezifische Stärken mit Zukunftsfähigkeit müssen die Basis bilden für eine Weiterentwicklung der in den vergangenen Jahren gewachsenen wirtschaftlichen Kompetenz. In diesem Umfeld zwischen politischen Ansprüchen, technischen Anforderungen und wirtschaftlichen Notwendigkeiten bewegt sich auch die Deutsche Bahn AG mit ihrer Strategie für ein mobiles Ruhrgebiet der Zukunft.

Für ein mobiles Ruhrgebiet der Zukunft

Begriffe wie Wandel und Vitalität prägen seit der Bahnreform im Jahr 1994 unser Unternehmen. In Metropolenregionen wie dem Ruhrgebiet sind wir mit unserer Kompetenz besonders gefordert – in diesem mit fünf Millionen Einwohnern großen europäischen Ballungsraum erfüllen wir die Bedürfnisse nach Mobilität: Schon heute reisen täglich in Nordrhein-Westfalen knapp eine Million Menschen mit der Bahn, jährlich transportieren wir rund 90 Millionen Tonnen Güter auf der Schiene.

Landesweit 31 000 Mitarbeiter sorgen dafür, dass jeden Tag insgesamt rund 8000 Züge rollen. Die Deutsche Bahn ist damit einer der größten Arbeitgeber in Nordrhein-Westfalen – sie sichert als Investor und Verbraucher weitere Arbeitsplätze an Rhein und Ruhr: Aktuell beläuft sich das Auftragsvolumen auf mehr als 1,1 Milliarden Euro, 90 Prozent davon gehen an mittelständische Unternehmen.

Unsere Angebote halten das Revier in Bewegung und sind ein wichtiger Beitrag für aktiven Klima- und Umweltschutz. In Kooperation mit der verladenden Wirtschaft und anderen Bahnen entlasten wir in erheblichem Umfang die Straßen der Region. Beispiele hierfür sind Stahl-, Kohle- und Pkw-Transporte von und in die Niederlande, nach Belgien, England, Frankreich, Italien, Österreich und Polen.

Eine Drehscheibe wie der Duisburger Hafen braucht eine moderne Infrastruktur

Zum Kerngeschäft der Bahn an Rhein und Ruhr gehören traditionell auch die Massengüter Kohle und Erz für die Montanindustrie. Aber nicht nur hier gilt es, immer mehr Verkehr vom Lkw auf den Zug zu verlagern. Eine Güterverkehrsdrehscheibe wie der Duisburger Hafen braucht eine moderne und leistungsfähige Infrastruktur. Mit dem Land Nordrhein-Westfalen und dem Hafen hat die Bahn deshalb einen Masterplan für die enge Verknüpfung von Schiene und Binnenschiff erarbeitet, wozu auch eine Erweiterung des Rangierbahnhofs und der Bau einer Drehscheibe für den kombinierten Verkehr in Duisburg Ruhrort-Hafen gehört. Die Betuwe-Linie von Rotterdam nach Emmerich bietet zusätzliche Perspektiven für das Ruhrgebiet. Ihre Fortführung durch die Ausbaustrecke von Emmerich nach Oberhausen verbindet in Zukunft den Rotterdamer Hafen mit dem Binnenland einschließlich des Duisburger Hafens bis hin nach Italien.

Zu einem funktionierenden Verkehrssystem gehören die Bahnhöfe als Tor zur Stadt und zur Bahn. Sie sind Orte, die zum Reisen und Verweilen einladen, wie wir sie beispielsweise in Bochum und Gelsenkirchen geschaffen haben, aber auch in Essen, Dortmund und Duisburg in den nächsten Jahren angehen werden. Schließlich wird das Ruhrgebiet 2010 Kulturhauptstadt Europas mit dem Anspruch, eine Metropole neuen Stils zu bilden.

Hier wird um jede Minute gerungen

Zu einer Metropole, die wachsende Verkehrsströme intelligent und effizient managt, gehört eine schnelle bequeme Verbindung, wie sie mit dem Rhein-Ruhr-Express ermöglicht werden soll. Schnelle Nahverkehrszüge würden dann die Rheinschiene und das Ruhrgebiet verbinden. Intelligente Verkehrsinformationssysteme werden zudem Staus vermeiden helfen und alternative Reisewege und Reisemittel aufzeigen. Parallel wird aber auch in bestehende Systeme investiert: Allein im Gebiet des Verkehrsverbunds Rhein-Ruhr werden bis 2010 neue S-Bahn-Züge für knapp 400 Millionen Euro zum Einsatz kommen.

Zur wirtschaftlichen Zukunft gehören auch gut ausgebildete Fach- und Führungskräfte, eine Aufgabe, der sich die Bahn gerade auch im Revier stellt. Von Duisburg aus wird jährlich die Ausbildung von derzeit rund 1300 Auszubildenden für 16 attraktive Berufe mit Zukunft gesteuert und organisiert. In Duisburg schlägt auch das Herz der nordrhein-westfälischen Bahn: Von hier wird aus der Betriebszentrale heraus der gesamte Fern-, Nah- und Güterverkehr im Land disponiert und kontrolliert; hier wird um jede Minute gerungen und über Anschlüsse gewacht. Vom benachbarten Witten aus versorgt das dortige Weichenwerk die ganze Republik mit maßgeschneiderten Weichen.

Das Ruhrgebiet ist wegen der durch die Steinkohlevorkommen ausgelösten Entwicklung zu einer Region mit einem der dichtesten Netze an Straßen-, Binnenschifffahrts- und Schienenwegen gewachsen. Heute ist es eine der größten Metropolregionen Europas in zentraler Lage und mit funktionierender Verkehrsinfrastruktur. Diesen Status gilt es zu erhalten und fortzuentwickeln. Für den weiter wachsenden Industrie-, Logistik- und vor allem Dienstleistungsstandort ist eine leistungsfähige Verkehrsinfrastruktur existentiell wichtig, zumal das Verkehrsaufkommen auch in Zukunft zunehmen wird. Die Region und die Bahn sind dabei auf einem guten Weg.

Die Region und die Bahn sind auf gutem Weg

THOMAS MIDDELHOFF, Jahrgang 1953, studierte Betriebswirtschaft und arbeitete zunächst im väterlichen Betrieb, ehe er 1986 in den Bertelsmann-Konzern eintrat. 1990 wurde er Mitglied des Vorstands der Druck- und Industriebetriebe, vier Jahre später Vorstand des Gesamtkonzerns. Von 1998 bis 2002 war er Vorstandsvorsitzender. 2004 wurde Middelhoff Aufsichtsratsvorsitzender der KarstadtQuelle AG. Ein Jahr darauf übernahm er den Vorstandsvorsitz.

Treue durch Veränderung

„Nur wer sich ändert, bleibt sich treu", singt der Dichter Wolf Biermann, und diese Zeile passt auch für Entwicklung des Ruhrgebiets. Ich bin zwar gebürtiger Rheinländer, arbeite aber seit 2005 in Essen und damit mittendrin im Ruhrgebiet. Hier wird Tradition gelebt, und doch steht die Veränderung schon seit Jahrzehnten unverändert auf der Tagesordnung. Noch immer ist nicht richtig klar, wo die wirtschaftliche Zukunft des größten Ballungsgebiets in Deutschland sein wird.

Abseits aller bestehenden Probleme gilt es aber festzuhalten, dass es sich beim Ruhrgebiet um eine vergleichsweise wohlhabende Region handelt. Hier haben große Konzerne ihren Sitz. Allein in Essen sind zehn der hundert umsatzstärksten Unternehmen der Republik zu finden, darunter so klangvolle Namen wie RWE, Evonik, E.ON Ruhrgas oder Hochtief.

Das Ruhrgebiet hat klare strategische Vorzüge

Das Ruhrgebiet hat klare strategische Vorzüge: Es ist eine Region mit einer außerordentlich günstigen Lage in Europa. Mit 5,3 Millionen Einwohnern ist es nach Paris und London der drittgrößte Metropolraum innerhalb der

Europäischen Union. Rund 20 Millionen Menschen leben im Radius von zwei Stunden Autofahrzeit – einschließlich der Nachbarländer. Anders als Metropolen wie Berlin, die durch rasches Zusammenwachsen kleinerer Orte rund um einen Kern entstanden, wuchsen die Städte und Stadtteile des Ruhrgebiets unabhängig voneinander. Das hat den positiven Effekt, dass die Bevölkerungsdichte mit knapp 2100 Einwohnern pro Quadratkilometer gegenüber deutschen Metropolen nur gering ist. Da bleibt viel Raum für Lebensqualität.

Europaweit wird keine andere Region so gut und systematisch durch ihr Verkehrsnetz erschlossen. Das Ruhrgebiet hat das engmaschigste Straßennetz, den größten Eisenbahnkomplex, das dichteste Kanal- und Hafensystem, den größten Binnenhafen und den größten Kanalhafen.

Das allein sichert dem Ruhrgebiet bessere Chancen, als sie vergleichbare Regionen haben.

Ungeachtet dessen ist der Strukturwandel mühselig und auch mit sozialen Problemen verbunden. Seit 40 Jahren befindet sich die Region in einem großen wirtschaftlichen Anpassungsprozess. Die Industriezweige, die das Ruhrgebiet bekannt machten – Steinkohleförderung und Stahlindustrie – sind mittlerweile rar. Viele Zechen, Hochöfen und Stahlwerke sind geschlossen worden. Heute schon ist das Ruhrgebiet ein Zentrum des Dienstleistungssektors. Drei Viertel aller Beschäftigten arbeiten in diesem Bereich. Der Anteil der Beschäftigten im produzierenden Sektor ist unter zehn Prozent gefallen.

Da bleibt viel Raum für Lebensqualität

Das macht klar, in welcher Richtung die Chancen der Region in Zukunft liegen.

Dem entgegen stehen aber auch negative Faktoren, die durchaus Resultat der positiven Gesamtlage als verkehrsreiche Großregion sind: Obwohl das Ruhrgebiet eine sehr gute Infrastruktur besitzt, verschlechtern sich laufend mit der kritischen Verkehrslage die Lebensqualität der Anwohner wie auch die Chancen einer wirtschaftlichen Expansion. Zur Überwindung der täglichen Staus müssen neue Wege gefunden werden. Hier liegen Felder für Wissenschaft und Forschung.

Ebenso kritisch ist die Lage beim immer wichtiger werdenden Luftverkehr: Die drei Flughäfen des Ruhrgebiets in Dortmund, Essen/Mülheim und Weeze haben keinerlei überregionale Bedeutung. Aber auch der nahe gelegene internationale Airport in Düsseldorf ist durch den sogenannten Angerland-Vergleich in seiner Entwicklung bis heute stark eingeschränkt. Er besitzt nur eine Start- und Landebahn sowie eine Ersatzbahn, die jedoch nur in Spitzenzeiten zu einer schnelleren Abfertigung genutzt werden darf. Hier ist schon lange die Kapazitätsgrenze erreicht, die kurzfristig nicht zu lösen sein wird.

Kritisch ist die Lage beim immer wichtiger werdenden Luftverkehr

Was die Entwicklung des Ruhrgebiets treiben wird, sind Großereignisse. Die Vergabe der Kulturhauptstadt Europas 2010 an Essen wirkt schon heute als spürbarer Katalysator der Entwicklung der Region. Weitere Großereignisse müssen ins Ruhrgebiet geholt werden, denn darüber wird die Infrastruktur verbessert, kann sich das Ruhrgebiet als Metropolenregion profilieren und wird die Bevölkerung für ein gemeinsames Ziel mitgenommen.

FRANZ MÜNTEFERING, 1940 in Neheim-Hüsten geboren, machte eine Ausbildung als Industriekaufmann und arbeitete in der metallverarbeitenden Industrie. Seit 1966 ist er Mitglied der SPD, in der er es zum Bundesgeschäftsführer (1995 bis 1998) und Generalsekretär (1999 bis 2002) brachte. Er war Arbeitsminister in NRW, Verkehrs- und Arbeitsminister in Berlin und von 2002 bis November 2005 Vorsitzender der SPD-Fraktion.

Die Substanz für einen großen Schritt nach vorn ist da

In einer globalisierten Welt gewinnen die großen und die kleinen Einheiten an Gewicht. Das nationalstaatliche Handeln bleibt wesentlich, aber es ist weniger autark und unweigerlich intensiver eingebunden in internationale, europäische und teils globale Tatbestände und Entwicklungen, auf die es nur begrenzten Einfluss hat.

Die großen und die kleinen Einheiten gewinnen an Gewicht

Europa übt gerade, versucht für diese neue Zeit Regeln der Zusammenarbeit zu finden, demokratisch legitimiert, die neben dem Frieden auch den Wohlstand für diesen Teil der Welt dauerhaft sichern helfen. Wenn alles gutgeht, kann das ein Modell sein für das, was weltweit erforderlich ist, aber bisher nur unzureichend entwickelt.

Das alles macht es umso wichtiger, die Funktion der kleinen Einheiten, der Regionen, zu begreifen und zu nutzen, ihre endogenen Kräfte zu optimieren. Das Prinzip der Subsidiarität gewinnt hier neue Aktualität und andere Dimension.

Das Ruhrgebiet ist eine solche Region, eine herausragende unter dem guten halben Dutzend in Deutschland: die phänomenale Bedeutung von Kohle und Stahl besonders in den Jahren des Wiederaufbaus und der ungehemmten Prosperität. Die Gründung und Vernetzung einer leistungsfähigen Hochschullandschaft. Das bunte, anspruchsvolle und umfassende Angebot an Kunst und Kultur. Der Ausbau, die Verdichtung und die Modernisierung einer komplexen Infrastruktur. Die anregende Fühlungsnähe von Wissenschaft, Forschung, Entwicklung, Produktion, Dienstleistungen und pulsierendem Leben. Der Prozess des tiefgreifenden, aber nie entgleisenden strukturellen Wandels. Die Gestaltung der Zukunftsfähigkeit ein halbes Jahrhundert lang. Über fünf Millionen Menschen dicht bei dicht, bei gleichwohl hoher Lebensqualität. Mehr Wiesen und Bäume als Steinwüste. Elf Städte und vier Kreise, 53 originäre Städte und Gemeinden mit ihrem jeweils eigenen Gesicht in dem einen Ruhrgebiet. – Die Erfolgsgeschichte einer außergewöhnlichen Region in der zweiten Hälfte des 20. Jahrhunderts.

Der Mut, zukunftsbewusst zu sein und nicht nostalgisch

Dieses Ruhrgebiet ist mit diesen Prägungen und seinen Potentialen gut ausgestattet für die Herausforderungen der ersten Hälfte dieses Jahrhunderts. Wenn es den Mut hat, zukunftsbewusst zu sein und nicht nur nostalgisch, drängend und nicht zögerlich, ehrgeizig und nicht bescheiden. Die Substanz für einen großen Schritt nach vorn ist da. Und die Zeit ist reif. Und diese Zeit braucht Regionen wie diese. Mit hohem Anspruch an sich selbst.

Die Vision vom Aufschwung des Ruhrgebiets in die Kategorie Weltmetropole ist die richtige Antwort. Sie fordert heraus und macht die Wahrheit klar: Das Verharren im Lamentieren über den Druck der Veränderungen und das Zögern angesichts zweifellos gegebener Risiken – die man ja auch erlebt –, das wäre der falsche Weg. Die Anstrengung lohnt. Und der Erfolg ist möglich.

Die Klammer des Ruhrgebiets heißt Kohle und Stahl; sie schien die Voraussetzung dafür, dass es den Kohlenpott überhaupt gab. Als die Klammer schrumpfte und barst, ist der Pott gleichwohl nicht zerfallen, nicht zerbröselt. Er hatte längst genügend spezifische Bindekraft und Stabilität in sich selbst, um als Ruhrgebiet weiter eine Region zu bleiben mit Identität, mit Initiative und Kraft, mit Mut und Entschlossenheit, mit Toleranz, mit Perspektive. Hatte auch in den entscheidenden Phasen in Johannes Rau einen klugen Moderator.

Eine moderne Gesellschaft bildet sich in einer modernen Region. In einer Mischung aus Tradition und Fortschritt.

Industrie. – Sie ist der Kern aller Ruhrgebietsidentität. Ist, nicht nur war. Wissensgesellschaft hat nicht die Dienstleistungsgesellschaft abgelöst, die ihrerseits die Industriegesellschaft vergessen gemacht hätte. Mag sein, Industriearbeit ist weniger dreckig und – alles in allem – weniger schweißtreibend als früher. Aber sie ist nicht nur nicht entbehrlich, sie ist zukunftspendend. Energie im ganzen Spektrum ihrer Entstehungs- und Einsatzphasen gehört dazu. Glück auf! Ist nicht nur schöne Tradition, sondern auch Zukunftsmusik.

Industriearbeit ist nicht entbehrlich, sie spendet Zukunft

Strukturwandel. – Dass die Dinge sich ändern, ist keine Schande. Im Gegenteil, das ist normal. Das Ruhrgebiet hat in der Phase des Wiederaufbaus und der konkreten Not Kohlen und Kohle in andere deutsche Lande geliefert – zum Beispiel nach Bayern. Die haben überwiegend Gutes damit gemacht. Der Strukturwandel hat die Realität des Ruhrgebiets verändert. Jetzt muss das Ruhrgebiet in sich selbst investieren, um ganz vorne mit dabei zu sein, weltweit. Die Kraft dafür ist da. Andere Regionen werden zu anderen Zeiten ihren jeweiligen Strukturwandel zu bestehen haben.

Dienstleistungen. Ein trockener Begriff für eine gesellschaftlich notwendige und arbeitsplatzreiche Wachstumsbranche. Versicherungen, Banken, Handel gibt es immer mehr. Kultur – die inspirierendste Dienstleistung überhaupt. Der Dienst Mensch am Menschen – Sozialeinrichtungen, Netzwerke, bürgerschaftliches Engagement. Lebensqualität.

Wissen. – Aus dem Land der Kumpel und Stahler, dem Schulen, speziell Universitäten, in der Phase der Industrialisierung vorenthalten wurden – sie sollten schuften, nicht wissen –, ist eine leistungsfähige Bildungsgesellschaft geworden. Zu tun gibt's da noch viel, vor allem zu verbessern. Aber das Land ist auf dem Weg. Aus Konfessionsschulen, in denen Mädchen und Jungen säuberlich getrennt unterrichtet wurden, sind Gemeinschafts- und zunehmend Ganztagsschulen geworden. Universitäten wuchsen mehr als irgendwo sonst hinzu. Hier finden auch Jugendliche einen Studienplatz, die in ihrem Heimatland leer ausgehen.

Die Kumpel und Stahler sollten schuften, nicht wissen

Universitäten und Fachhochschulen müssen eng zusammenwirken mit der Wirtschaft. Der aktuelle Bedarf an Ingenieuren – nicht nur im Ruhrgebiet – zeigt das nachdrücklich. Das Ruhrgebiet braucht noch mehr Wissenschaftler und Experten, die der modernisierten Wirtschaft zu immer wieder zusätzlichen innovativen Schüben verhelfen.

Sozialpartnerschaft. – Wie gesagt: Hierarchie ist kein Wort des Ruhrgebiets. Keiner Herr und keiner Knecht – das gilt. Jeder selbstbewusst und verantwortlich an seinem Platz. Starke Arbeitgeber und starke Gewerkschaften kontrovers und konstruktiv für den gemeinsamen Erfolg – das bewährte Prinzip Sozialpartnerschaft des Ruhrgebiets. Überholt ist das nicht. Es ist schon so: Gemeinsam geht besser.

Toleranz und Akzeptanz. – Es reicht der Blick ins Telefonbuch: Die Schimanskis und Kowalskis gehören zum Schmelztiegel Ruhr dazu. Schon Szepan und Kuzorra waren keine westfälischen Namen. Der Migrantenanteil an

Ehrliches und uneitles Selbstverständnis

Hochschulen beträgt im Revier 13 Prozent, im Bundesdurchschnitt 10 Prozent. Migration und Integration gehören seit einem Jahrhundert zum Leben im Pott. Gerald Asamoah vom FC Schalke 04 hat das schön gesagt: „Ich denke deutsch, ich lebe deutsch, ich fühle deutsch, ich träume deutsch. Ich sehe nur etwas anders aus.“ Das ist das ehrliche und uneitle Selbstverständnis der Menschen an der Ruhr. Ein mächtiger Flöz.

PROF. DR. ANDREAS PINKWART, 1960 in Seelscheid geboren, studierte Volks- und Betriebswirtschaftslehre und arbeitete an der Universität und in der Politik. 1998 folgte der Ruf als Universitätsprofessor auf den Lehrstuhl für Betriebswirtschaftslehre an der Universität Siegen. 1980 trat er in die FDP ein. Seit Dezember 2002 ist er Landesvorsitzender in Nordrhein-Westfalen. 2005 wurde Pinkwart Innovationsminister in NRW.

Innovation: Schlüssel für Wachstum, Wohlstand und Arbeitsplätze

Vor 50 Jahren förderten im Ruhrgebiet 470000 Kumpel Kohle, heute noch 34000. In der Stahlindustrie sank die Zahl der Beschäftigten im gleichen Zeitraum von 300000 auf 57000. Es gab 3200 Zechen, aber keine einzige Hochschule. Der Strukturwandel hat in der Region zu massiven Umwälzungen auf dem Arbeitsmarkt und dem Abbau von alten Industriezweigen geführt. Kaum eine Region in Deutschland musste in den vergangenen Jahrzehnten so massiven Wandel bewältigen wie die Region ganz tief im Westen von Nordrhein-Westfalen. In den Altindustrien sind dabei viele Arbeitsplätze weggefallen.

Nano-, Mikro-, Bio- und Informationstechnologie

Auf der anderen Seite hat sich der Dienstleistungssektor in der Metropole Ruhr entwickelt. Nano-, Mikro-, Bio- und Informationstechnologien haben neue Arbeitsplätze geschaffen. Es gibt inzwischen vier Universitäten, drei Fachhochschulen, etliche renommierte Forschungszentren. Die kontaminierten Industriebrachen werden in Landschaftsparks umgewandelt, die vergifteten Flüsse renaturiert. Das Land investiert in moderne Verkehrsinfrastruktur wie den Rhein-Ruhr-Express. Bei den Wachstumsraten hat die Metropole Ruhr in den vergangenen Jahren kontinuierlich aufgeholt. Mittlerweile hat die Region das Rheinland und Westfalen in puncto Wachstumsdynamik sogar leicht überholt.

Diese dynamische Entwicklung müssen wir weiter stärken. Innovation ist dabei der Schlüssel für Wachstum, Wohlstand und Arbeitsplätze. Das gilt für Nordrhein-Westfalen. Das gilt auch für die Metropole Ruhr. In Zeiten der Hochgeschwindigkeitsglobalisierung ist Innovationskraft die Kernkompetenz, um im weltweiten Wettbewerb zu bestehen. Pragmatismus, die Bereitschaft zuzupacken, Verbundenheit mit der eigenen Heimat und die Fähigkeit zur Zusammenarbeit, das haben die 5,3 Millionen Menschen in der Region in der Vergangenheit immer wieder bewiesen. Damit ist die Metropole Ruhr gut gerüstet, um sich als moderner Industrie- und Dienstleistungsstandort im Wettbewerb mit anderen Regionen zu positionieren.

Vier Euro für die Vergangenheit, ein Euro für die Zukunft

Der Ausstieg aus der Steinkohlesubventionierung war eine wichtige Weichenstellung auf diesem Weg. Im Jahr 2003 standen drei Milliarden Euro Steinkohlesubvention von Bund und Ländern weniger als 780 Millionen Euro Fördermittel für Forschung und Entwicklung gegenüber. Dieses absurde Missverhältnis von vier Euro für die Vergangenheit und einem Euro für die Zukunft hat den notwendigen Wandel in der Region viel zu lange gehemmt. Auch die Schließung des Nokia-Standorts Bochum macht bei aller verständlichen Enttäuschung der betroffenen Mitarbeiterinnen und Mitarbeiter deutlich, dass Subventionen Strukturprobleme zwar zeitweise lindern, aber nicht wirklich lösen können. Wir müssen auf Dauer auch ohne Subventionen um so viel besser bleiben, wie wir teurer sind. Statt in Investitionszuschüsse an Unternehmen sollte das Geld in Bildung, Forschung, Technologie und moderne Infrastruktur investiert werden.

Dass dies der richtige Weg ist, sieht man an vielen Orten in der Region. Dortmund war zum Beispiel gezwungen, auf die schwindende Zugkraft der alten Wirtschaftsmotoren Kohle und Stahl zu reagieren. Heute ist Dortmund auf Zukunftsfeldern wie der Informations- und Kommunikationswirtschaft, in der Biotechnologie, in den Mikro- und neuerdings Nanotechnologien und in der Logistik eines der führenden Hightech-Cluster Europas. Mittlerweile finden in diesen Technologiebereichen mehr als 37000 Menschen in über 1400 Unternehmen Arbeit. Allein zehn Prozent der europaweit Beschäftigten in der Medizintechnik arbeiten in Dortmund, mit 33 Mikro- und Nanotechnologie-Unternehmen ist Dortmund der größte Mikrosystemtechnik-Cluster Deutschlands und auch europaweit in der Spitzengruppe. Am Max-Planck-Institut für Molekulare Physiologie und am Technologiezentrum Dortmund erforschen Wissenschaftler und Unternehmen im Rahmen einer lebenswissenschaftlichen Innovationsplattform gemeinsam neue Ansatzpunkte für Therapien gegen Krankheiten wie HIV, Krebs, Alzheimer und Parkinson.

Entwicklung und Simulation neuer Hightech-Materialien

Ein anderes Beispiel ist Bochum: Wissenschaft und Wirtschaft kooperieren dort bei der Errichtung des Forschungsinstituts ICAMS, das sich auf die Simulation und Entwicklung neuer Hightech-Materialien konzentriert. Die stärksten Akteure des Werkstoffbereichs in Nordrhein-Westfalen bündeln unter Führung von ThyssenKrupp an der Ruhr-Universität Bochum ihre Kräfte, um gemeinsam innovative Materialien für moderne Produktionsprozesse zu entwickeln. In Marl erforschen Wissenschaftler und Techniker des Chemieunternehmens Evonik in einem Science-to-Business-Center für weiße Biotechnologie gemeinsam mit Partnern aus Hochschulen und Unternehmen neue Produkte und Prozesse auf Basis natürlicher Rohstoffe. Eine Vielzahl von Forschungskooperationen ist in Marl bereits entstanden.

Und die Hochschulen? Im bundesweiten Exzellenzwettbewerb der Universitäten hat die Ruhr-Universität Bochum für eine große Überraschung gesorgt. Dass sie es als junge Hochschule in die Endrunde der Königsklasse des Wettbewerbs geschafft hat und mit Traditionsstandorten wie Aachen, Berlin oder Heidelberg um den Titel der Elite-Universität konkurrierte, hat das ganze Land aufhorchen lassen und auch die anderen Hochschulen angespornt. Ein großer Schritt nach vorn für die Wissenschaft in der Region ist die neue Zusammenarbeit der drei Universitäten: Bochum, Dortmund und Duisburg-Essen kooperieren seit 2007 in der „Universitätsallianz Metropole Ruhr". Drei eigenständige Hochschulen mit insgesamt 89 000 Studierenden, 1250 Professorinnen und Professoren und einem Etat von 840 Millionen Euro vernetzen Institute, Forschungsprojekte und Verwaltung, weil sie eine Überzeugung teilen: Gemeinsam können sie sich noch besser als starker Standort in der nationalen und internationalen Wissenschafts- und Studienlandschaft positionieren. Das gemeinsame Büro in New York als Brücke in die nordamerikanische Wissenschaftswelt arbeitet schon seit Jahren so erfolgreich, dass sich nun auch die RWTH Aachen entschieden hat, dem Beispiel der Universitäten der Metropole Ruhr zu folgen.

Ein gemeinsames Büro in New York: Brücke in die amerikanische Wissenschaftswelt

Tief im Westen ist eine Region im Aufbruch. Wer hierher kommt, sieht: Die Metropole Ruhr nimmt die Globalisierung als Herausforderung an und nutzt den Strukturwandel entschlossen als Chance. Ein klares Bekenntnis zu Innovation, zu Investitionen in Forschung und Entwicklung auf Zukunftsfeldern, zu hervorragender Ausbildung und zu neuen Kooperationen von Wissenschaft und Wirtschaft – das ist die Perspektive für die Region.

FRITZ PLEITGEN, Jahrgang 1938, war von 1963 bis 1987 Auslandskorrespondent in Moskau, Ost-Berlin, Washington und New York. Im März 1995 wurde Pleitgen zum Intendanten des WDR gewählt. Pleitgen ist ferner für die Europäische Rundfunkunion (EBU) aktiv, der er seit 2002 als Vizepräsident und seit 2006 als Präsident vorsteht. Seit April 2007 ist Pleitgen Vorsitzender der Geschäftsführung der RUHR.2010 GmbH in Essen.

Kulturhauptstadt Europas 2010: Die große Chance für das Ruhrgebiet

Das Ruhrgebiet ist eine Region, die nur wenig ererbt und vieles sich selbst erarbeitet hat. Die Menschen im Revier können die Hemdsärmel hochkrempeln und richtig anpacken! Das mussten sie auch lernen: während der Industrialisierung, als das Ruhrgebiet vor rund 170 Jahren ökonomisch aufblühte und zur bevorzugten Einwanderungsregion wurde, aber auch ab den 1970er Jahren, als Kohle- und Stahlkrisen das Revier ungeahnt zu erschüttern begannen.

Rigorose Einschnitte und Entbehrungen

Der Strukturwandel bedeutete für die Menschen im Ruhrgebiet – für Familien, Kinder und die Älteren – rigorose Einschnitte und Entbehrungen im Sozialen und Wirtschaftlichen. Insofern war der Strukturwandel erzwungen. Sie haben die Hände aber nicht in den Schoß gelegt und sind nicht in ängstlicher Wartehaltung erstarrt. Sie haben den Staub abgeschüttelt und ihr Schicksal in die Hand genommen. Auf diese zuversichtliche, zupackende Art haben sie bis in die Gegenwart viele Herausforderungen gemeistert. Das Ruhrgebiet ist mit seinen 53 Städten und 5,3

Millionen Einwohnern nicht nur der größte europäische Ballungsraum nach Paris und London, das Ruhrgebiet ist auch zur heterogenen und dichten Kultur- und Hochschullandschaft mit starkem Dienstleistungssektor, vitaler Hochtechnologie und innovativer Kreativwirtschaft geworden. Hinter diesen Erfolgen stehen unzählige Einzelleistungen.

Diese Entwicklung brachte es mit sich, dass die Revierstädte ihre Individualität und Eigenständigkeit oft zulasten regionaler Entwicklungsmöglichkeiten pflegen – trotz anders lautender Beteuerungen und gemeinschaftlich erbrachter Leistungen. Dieses Verhalten ist nicht auf das Ruhrgebiet alleine beschränkt. Trotzdem dürfen wir unsere Augen nicht davor verschließen. Denn gerade dieses „Kirchturmdenken" hat dazu geführt, dass das große Engagement und die bedeutenden Errungenschaften im Ruhrgebiet kaum zu einem gesteigerten Selbstbewusstsein und einer veränderten Fremdwahrnehmung geführt haben. In Deutschland und vor allem im benachbarten Ausland entspricht das Image des Ruhrgebiets teils noch immer der Wirklichkeit der 1950er Jahre – ungeachtet der Erfolge etablierter und inzwischen renommierter Museen, Galerien, Opern- und Konzerthäuser, Theater, Festivals und Events, der Universitäten, Hochschulen und Forschungszentren, der Burgen- und Schlösserlandschaft sowie der Industriekultur.

Wir können es nur als geeinte Metropole Ruhr schaffen

Nicht allein die kulturelle Fülle bestimmt die Attraktion einer Region. Ausschlaggebend ist die qualitative Vernetzung des Angebots. Wenn wir als Ruhrgebiet im Wettbewerb mit Metropolregionen wie London, Moskau oder Shanghai konkurrenzfähig sein möchten, können wir dies nicht im Alleingang, sondern nur gemeinsam schaffen – nicht als 53 einzelne Revierstädte, sondern nur als geeinte Metropole Ruhr. Die Wahrung der regionalen Interessen wird für alle Revierstädte zur jeweils eigenen Existenzsicherung sowohl hinsichtlich der Beschäftigungschancen als auch bezüglich neuer vielversprechender Kultur- und Wirtschaftsbeziehungen auf internationaler Ebene. In diesem Sinne visiert der Unternehmenszusammenschluss Initiativkreis Ruhrgebiet mit seinem Projekt „Zukunft Ruhr 2030“ vor allem die wirtschaftliche Weiterentwicklung des Ruhrgebiets auf Jahrzehnte hinaus an.

Neben rein ökonomischen Aspekten dürfen wir die kulturellen Faktoren nicht vergessen – besonders hier im Ruhrgebiet, in dem 150 Nationalitäten zusammenleben. Ich darf von „Wir“ sprechen. Denn ich wurde in Duisburg geboren und bin nun als Vorsitzender der Geschäftsführung der RUHR.2010 GmbH in das Ruhrgebiet zurückgekehrt. Die RUHR.2010 GmbH plant die Kulturhauptstadt Europas 2010 und führt diese im Ruhrgebiet durch. Die Kulturhauptstadt RUHR.2010 bietet die einzigartige Chance und vielleicht auch die letzte Gelegenheit, das Ruhrgebiet in seiner Vielfalt nicht nur zu einer Metropole, sondern zu der Kulturmetropole Ruhr zu einen. RUHR.2010 destilliert die Besonderheiten der kulturellen Städte-Profile heraus und fügt sie für das Kulturhauptstadtjahr in Eigen- und Kooperationsprojekten zu einem gemeinsamen Erscheinungsbild zusammen. Diese Gemeinschaftspräsentation wird den Kulturreichtum und das Kreativpotential des Ruhrgebiets im Ganzen widerspiegeln und langfristig bestimmen. Bereits der Titelgewinn hat das Selbstvertrauen nachhaltig gestärkt. Das Kulturhauptstadtjahr wird die Gemeinsamkeiten der kulturellen Werte noch stärker bewusst machen, die Liebe zur unvergleichlichen Ruhrgebietskultur festigen und das Image des Ruhrgebiets endlich an die Realität angleichen.

Ruhr.2010 spiegelt den Kulturreichtum und das Kreativpotential der Region

Doch die Kulturhauptstadt kann nur zu einem unkonventionellen und inspirierenden Höhepunkt in der Metropolwerdung des Ruhrgebiets werden, wenn sich die Bürgerschaft, Kommunen, Künstler, Kultureinrichtungen,

Es ist unverzichtbar, neue Bündnisse zu schließen

Politik, Wirtschaft, Wissenschaft und Medien mit ihren je eigenen Talenten in dem Gemeinschaftswerk einbringen. Das Wichtigste für RUHR.2010 ist der Aufbau von Netzwerken und Allianzen. Denn wahre Nachhaltigkeit ist nur zu erreichen über den Bau von Kommunikationsbrücken und mit inhaltlichen, strukturellen und finanziellen Kooperationen. Es ist unverzichtbar, neue Bündnisse zu schließen und vorhandene Strukturen zu nutzen mit ihrem qualifizierten Know-how zu Kultur, Denkmalschutz, Stadtentwicklung, Tourismus, Wirtschaftsförderung, Sport und Freizeit. Die gemeinschaftliche Arbeitskoordination und -konzentration im gesamten Ruhrgebiet muss sichergestellt sein, um die Gefahr der reinen Addition von lokalen Kulturangeboten zu vermeiden. Daneben gilt es, die kulturelle Kreativität zu aktivieren und die künstlerische Szene im Ruhrgebiet zu Unbekanntem, Widersprüchlichem und Experimentellem zu inspirieren. Und nicht zuletzt muss mit der Stimulierung der Szene ein professionelles Kulturmarketing einhergehen, das die kulturellen Stärken und Besonderheiten der Metropole Ruhr nach außen vermarktet und die kulturelle Vielfalt nach innen durchschaubar macht.

Die Revierstädte wissen um die Bedeutung der Kultur für ihre wirtschaftliche und politische Zukunft und verwenden bereits einen beträchtlichen Teil ihrer Energie, Kreativität und Finanzmittel darauf, die kulturellen Stärken zu nutzen und zu erweitern. So kann Kultur für uns im Ruhrgebiet zum Einigungsfaktor werden. Die Kulturhauptstadt Europas 2010 eröffnet der Metropole Ruhr die Chance, sich in einem neuen Europa mit noch weitgehend offenen Binnenstrukturen auf den vorderen Rängen zu positionieren. Wenn wir unsere vielfältigen kulturellen und historischen Wurzeln pflegen, wenn wir möglichst viele Bevölkerungsgruppen mitnehmen und RUHR.2010 die Kräfte der Region „von unten" aktiviert und bündelt

– in einem Satz: Wenn wir alle die Kulturhauptstadt Europas RUHR.2010 sind, dann wird das Kulturhauptstadtjahr zum kulturellen Kristallisationspunkt, zum aktivierenden Motor auf dem Weg zur bürgerschaftlich getragenen Kulturmetropole Ruhr und zur international angesagten Kulturtourismusmarke.

RONALD POFALLA, geboren 1959 in Weeze, Kreis Kleve, studierte Sozialpädagogik und Jura und wurde 1991 Rechtsanwalt. Pofalla ist seit 1975 Mitglied der CDU und seit 1990 Mitglied des Deutschen Bundestages. 2002 wurde er Justitiar der CDU/CSU-Fraktion und 2004 stellvertretender Vorsitzender für den Aufgabenbereich Wirtschaft und Arbeit. Seit 2005 ist er Generalsekretär der CDU Deutschlands.

Vom Kohlenpott zum „I-Pott"

Meine Heimat ist der Niederrhein. Als Anwalt habe ich über zehn Jahre in Essen gearbeitet. Ich habe deshalb über viele Jahre die Entwicklung des Ruhrgebiets hautnah erlebt. Aus dem niederrheinischen Nachbarn wurde ein echter Fan des Ruhrgebiets, das für mich zur zweiten Heimat wurde.

Ganz gleich aus welcher Region Deutschlands man stammt, wer an das Ruhrgebiet denkt, hat meist die gleichen Bilder vor Augen: das industrielle Herz Deutschlands, die riesigen Kohlegruben, die Fahrt unter Tage, Menschen, die im Schweiße ihres Angesichts die Loren beladen. Es überrascht viele, die ihren Weg zum ersten Mal in diese Region finden, wie wenig das heutige Ruhrgebiet diesen Vorstellungen entspricht.

Die landschaftliche Schönheit fällt sofort ins Auge

Die landschaftliche Schönheit dieser grünen Region fällt sofort ins Auge. Aber auch der zweite Blick offenbart, dass sich vieles verändert hat. Aus dem Land der Hochöfen und Fördertürme ist mitten im Zentrum Europas ein Land der Wissenschaft und der Forschung, der Kultur, der Hochtechnologie und der Dienstleistung geworden. Der

Strukturwandel, der vor 40 Jahren begonnen hat, hat das Ruhrgebiet tief verändert. Bis heute hat keine Region in Deutschland einen solchen Wandel durchgemacht, ohne dabei in der Bedeutung, der Verantwortung und der Solidarität für andere Regionen des Landes nachzulassen. Das Einzige, was sich am Ruhrgebiet nicht geändert hat, sind seine Menschen. Ich mag in dieser Sache ein wenig voreingenommen sein. Aber ich mag diesen geradlinigen und ehrlichen Menschenschlag. Wer hier aufwächst, lernt anzupacken und sich durchzuboxen – ganz gleich, was das Leben bringt.

Das Einzige, was sich im Ruhrgebiet nicht geändert hat, sind seine Menschen

Das Ruhrgebiet hat keine einfachen Jahre hinter sich. Ein tiefgreifender Strukturwandel mitten im Wettbewerb eines immer grenzenloseren, freieren Europas war und ist keine leichte Aufgabe. Es bleibt noch viel zu tun, wenn wir das Rennen der wirtschaftlichen Wachstumsregionen dieser Welt für uns entscheiden wollen. Wissenschaftler sind der Ansicht, dass zukünftig nur solche Regionen im globalen Wettbewerb bestehen und Wohlstand erarbeiten können, die bei den drei „T", Technologie, Talent und Toleranz, ihre Stärken haben und diese optimal miteinander verbinden.

„T" wie Technologie: Branchen mit Wachstumspotential schaffen neue, zukunftssichere Arbeitsplätze. Dazu zähle ich zum Beispiel Hochtechnologiebereiche wie die Werkstoffforschung oder die Biotechnologie. Investitionen in Forschung und Entwicklung sind lebenswichtig für die Ansiedelung und Förderung von Unternehmen in diesen Bereichen. Diese Aufgabe müssen sich Politik und Wirtschaft teilen. Doch eine kluge Strukturpolitik und gute wirtschaftliche Rahmenbedingungen sind heute nicht mehr die allein entscheidenden Wettbewerbsfaktoren.

Das zweite „T" – Talent – erfordert eine moderne Bildungs- und Familienpolitik und einen klugen Umgang mit den Folgen der demographischen Entwicklung. Denn bei

Weiche Standortfaktoren können den Ausschlag geben

sich zunehmend angleichenden Infrastrukturvoraussetzungen können diese weichen Standortfaktoren den Ausschlag geben. Das Ziel muss lauten: Herne oder Wattenscheid – Hauptsache Ruhrgebiet. Moderne Bildungspolitik setzt auf frühkindliche Bildung ebenso wie lebenslanges Lernen. Sie muss jedem Kind unabhängig von seiner Herkunft exzellente Bildungschancen bieten und Talente individuell fördern. Zukunftsfähige Familienpolitik schreibt niemandem vor, wie Familie gelebt werden sollte. Sie unterstützt durch den massiven Ausbau von Kinderbetreuungsangeboten ebenso wie durch direkte finanzielle Zuwendungen an Familien, über deren Verwendung sie selbst entscheiden können.

Das dritte „T" – Toleranz – steht für Aufgeschlossenheit, Neugierde und natürlich für die Integration von Migranten in unsere Gesellschaft. Hier ist das Ruhrgebiet Vorreiter. Menschen aus aller Herren Länder haben im Ruhrgebiet zunächst eine Arbeitsstätte und später eine Heimat gefunden. Sie haben das Ruhrgebiet mitgeprägt. Diese Integrationsleistung zeichnet das Ruhrgebiet aus. Diese Vielfalt hat das Potential, ein wichtiger Standortvorteil zu sein. Es ist eine gesamtgesellschaftliche Aufgabe, dieses Potential noch stärker als bisher zu nutzen. Vielleicht liegt die Wurzel für diese Integrationskraft in der gemeinsamen Arbeit unter Tage, die den Weg für das Miteinander über Tage bereitet hat.

Für all diese Menschen war und ist das Ruhrgebiet vor allem eines: ihre, unsere Heimat. Ein Sprichwort sagt: „Heimat ist dort, wo dein Herz schlägt." Und auch wenn der Puls der Kohleflöze im Revier heute langsamer schlägt, ist der Stolz auf die Heimat in den Herzen der Menschen ungebrochen.

Das Ruhrgebiet ist liebenswert und bemerkenswert. Und: Es hat alle Chancen, eine Boom-Region von Weltrang, vom „Kohlenpott" zum „I-Pott", zu werden.

DR. JÜRGEN RÜTTGERS wurde 1951 in Pulheim geboren, wo er heute noch wohnt. Er studierte Rechtswissenschaft und Geschichte, promovierte zum Dr. jur. und war Erster Beigeordneter der Stadt Pulheim. Seit 1970 ist Rüttgers Mitglied der CDU. Von 1987 bis 2000 war Rüttgers Mitglied des Deutschen Bundestages. 1994 wurde er Bundesminister für Bildung, Wissenschaft, Forschung und Technologie und 2005 Ministerpräsident von NRW.

Auf dem Weg in die Kreative Ökonomie

Ein spektakuläres Satellitenbild zeigt Europa bei Nacht. Im Herzen des Kontinents strahlen die Millionen Lichter der Metropole Ruhr. Dieses Satellitenbild ist mehr als ein Foto. Es ist auch ein Symbol für die großen Veränderungen in der Region. Denn jahrzehntelang stand das Ruhrgebiet nicht für Lichterglanz, sondern für dunkle Schächte und rauchende Schlote.

Es ist kaum eine Generation her, da haben im Ruhrgebiet noch Hunderttausende Menschen unter Tage gearbeitet. Sie haben mit ihrer Arbeit Deutschland stark gemacht. Das Wirtschaftswunder nach dem Krieg wäre ohne sie nicht denkbar gewesen. An Rhein und Ruhr wurden Arbeit und Kapital miteinander versöhnt. Hier wurde das hohe Gut der Mitbestimmung erstritten. Und nicht zuletzt nahm hier mit der Montanunion die Erfolgsgeschichte der europäischen Integration ihren Ausgangspunkt.

An Rhein und Ruhr wurden Kapital und Arbeit miteinander versöhnt

Dieses Erbe ist für uns in Nordrhein-Westfalen Verpflichtung. Eine Verpflichtung für das neue Kapitel der

Industrie- und Wirtschaftsgeschichte, das wir mit den Beschlüssen zum Ausstieg aus dem subventionierten Steinkohlebergbau aufgeschlagen haben. Wir sind Zeugen einer zweiten industriellen Revolution, bei der die Metropole Ruhr wieder ganz vorne mit dabei sein wird.

Chancen durch Forschung bei Werkstoffen und Biotechnologie

Wir sind auf dem Weg in die Kreative Ökonomie. Ideen und Kreativität kristallisieren sich als die wichtigsten Wirtschaftsgüter des 21. Jahrhunderts heraus. Heute schon sind zwischen 20 und 30 Prozent aller Erwerbstätigen im kreativen Sektor tätig – in Wissenschaft, Forschung und Technik, in Kunst und Musik, in Architektur und Design. In Zukunft werden es noch mehr sein. Das bedeutet für die Metropole Ruhr dreierlei:

Erstens: Die Region wird auch in Zukunft ein führender Standort industrieller Produktion sein. Ein Drittel aller deutschen Dax-Unternehmen ist heute an Rhein und Ruhr zu Hause. Neue Arbeitsplätze in innovativen Dienstleistungszweigen entstehen in der engen Verzahnung mit starken industriellen Kernen. Zudem etablieren sich derzeit neue Forschungseinrichtungen, die zusätzliche Chancen für enge Kooperationen zwischen Wirtschaft und Wissenschaft versprechen. Beispiele sind das neue Forschungsinstitut für Werkstoffforschung an der Universität Bochum, das unter anderem von ThyssenKrupp mitgetragen wird, und das neue Science-to-Business-Center von Evonik in Marl, das das Thema Biotechnologie ins Visier nimmt. Beide Einrichtungen werden vom Land Nordrhein-Westfalen auch finanziell gefördert.

Zweitens: Die Kreative Ökonomie verlangt auch für die Metropole Ruhr nach einer neuen Art von Wirtschafts- und Innovationspolitik. Das Gießkannenprinzip der bisherigen Strukturpolitik hat ausgedient. Mit der neuen „Initiative Zukunft Ruhr" konzentriert das Land seine Hilfen auf ausgewählte Leitmärkte und Innovationsfelder, in denen die Region schon heute führend ist und weltweit konkurrieren kann. Dazu gehört zum Beispiel die Logistik: Schon aufgrund ihrer zentralen geographischen Lage im Herzen Europas hat die Metropole Ruhr hier einen Standortvorteil. Dazu gehört die Energiewirtschaft: Der Ausstieg aus der subventionierten Steinkohle wird daran nichts ändern. Der Fokus verschiebt sich immer stärker auf moderne Kraftwerkstechnologien und auf die erneuerbaren Energien. Und dazu gehört die Gesundheitswirtschaft: In der Metropole Ruhr arbeiten auf diesem Feld bereits 300 000 Menschen. Bis 2015 rechnen Experten mit einem Beschäftigungszuwachs von 55 000 Arbeitsplätzen – nicht zuletzt durch Neuerungen im Zukunftsfeld der Life Sciences und der Biotechnologien.

Drittens: In der Kreativen Ökonomie gibt es keine „weichen" Standortfaktoren mehr. Kluge Köpfe legen Wert auf Lebensqualität. Deshalb wird zum Beispiel ein breites und hochwertiges Kulturangebot zu einem ganz zentralen Argument im weltweiten Werben um die Leistungsträger. Die Metropole Ruhr ist hier bereits hervorragend aufgestellt. Nirgendwo sonst gibt es auf so engem Raum so viele Theater, Festspiele oder Konzerthäuser. Die einzigartige Industriekultur der Region ist längst ein weltweit beachtetes Markenzeichen. Und derzeit ist die Region im Begriff, ihre Kräfte im Kulturbereich noch einmal zu bündeln. Das Projekt Europäische Kulturhauptstadt Ruhr 2010 hat eine einzigartige Aufbruchstimmung erzeugt, die in die ganze Gesellschaft ausstrahlt.

Längst ein weltweit beachtetes Markenzeichen

Es gibt Leute, die betrachten die Förderung von Kunst und Kultur als Luxus, als Zugabe zu harter Wirtschaftspolitik. Die Landesregierung Nordrhein-Westfalen sieht das anders. Wir fördern Kunst und Kultur mit der gleichen Leidenschaft wie Wirtschaft und Wissenschaft, weil wir glauben, dass sich der Stellenwert von Kunst und Kultur in der Kreativen Ökonomie grundlegend ändert. Das Gleiche gilt für den Städtebau. Der demographische Wandel verändert das Zusammenleben in der Metropole Ruhr grundlegend. Vielfach stimmt die Mischung nicht mehr. Die Altersstrukturen verschieben sich. Wir werden weniger, älter und „bunter". Junge Menschen und ihre Familien ziehen häufig fort. Zurück bleiben vielfach ältere Menschen und Mitbürgerinnen und Mitbürger mit einer Zuwanderungsgeschichte. Das bedeutet: Wir müssen neue Wohnangebote für Jung und Alt entwickeln, neue Verkehrskonzepte umsetzen und nicht zuletzt den Einzelhandel in die Innenstädte zurückholen. Lange Zeit zählte im Städtebau nur die Funktionalität. Heute gilt: Gerade auch in der Metropole Ruhr müssen die Städte schöner und menschengerechter werden. So werden sie in der Kreativen Ökonomie bestehen.

Denke ich an 2030, dann sehe ich eine Region der Millionen Lichter

Im Oktober 2007 hat der Initiativkreis Ruhrgebiet eine überaus ehrgeizige Vision für die Metropole Ruhr im Jahre 2030 präsentiert. Das Echo war zu Recht groß, denn das Engagement, das die im Initiativkreis verbündete Wirtschaft mit dieser Vision für die Region entfaltet, ist vorbildlich. Denke ich an das Jahr 2030, dann habe ich eine Metropole Ruhr vor Augen, die nicht nur im wirklichen, sondern auch im übertragenen Sinne zu einer Region der Millionen Lichter geworden ist.

Auf dem Weg dorthin haben wir bereits immense Fortschritte erzielt. Wer heute das erste Mal nach dreißig Jahren in die Region reist, der erkennt sie nicht mehr wieder. Klar ist aber auch, dass der Umbau der Metropole Ruhr zur Kreativen Ökonomie erst begonnen hat. Sie braucht noch mehr gute Ideen in Wirtschaft, Wissenschaft und Kultur. Sie braucht noch mehr Bereitschaft, sich als Region mit gemeinsamen Interessen und gemeinsamen Zielen zu verstehen. Und sie braucht noch mehr Investitionen in wahrhafte Urbanität. Die Landesregierung Nordrhein-Westfalen trägt mit der Initiative Zukunft Ruhr dazu bei, die Metropole Ruhr zu einer Kreativen Ökonomie zu entwickeln.

DR. KONRAD SCHILY, geboren 1937 in Bochum, studierte Medizin in Tübingen und Hamburg und arbeitete bis 1969 als Assistenzarzt. Von 1966 bis 1984 war er Vorstand des Gemeinschaftskrankenhauses Herdecke. Von 1982 bis 1999 war er entscheidend am Aufbau der Universität Witten/Herdecke beteiligt, deren Präsident er auch 2002/2003 war. Seit 2005 ist er Mitglied des Bundestages.

Warum nicht mehr demokratische Teilhabe an der Basis?

Ich sehe der Zukunft des Ruhrgebiets optimistisch entgegen. Wer die Geschichte dieser Region kennt, weiß, dass die Menschen hier schon in den letzten 200 Jahren immer wieder große ökonomische und soziale Herausforderungen gemeistert haben. Vor allem die gemeisterten Umbrüche der letzen 30 Jahre – allen voran der wirtschaftliche Strukturwandel und die nachhaltige Neubestimmung des Ineinanders von Stadt und Land bzw. von Wirtschaft und Umwelt – haben eine Mentalität erzeugt, die Veränderungen als Chance begreift, ohne die sozialen und kulturellen Errungenschaften der Vergangenheit zu vergessen.

Es ist wieder an der Zeit, die Weichen neu zu justieren

Jetzt ist es wieder an der Zeit, die Weichen für die Zukunft neu zu justieren. Grundlegend ist dabei die Fähigkeit, in einem stark vergrößerten Maßstab denken zu lernen. Vor dem Hintergrund der Globalisierung werden zukünftig vor allem solche Regionen gut dastehen, denen es gelingt, als Netz vielfältiger Verflechtungen ein überregionales kulturelles, wirtschaftliches und infrastrukturelles Profil zu erlangen. Es geht nicht mehr alleine um Essen oder Düsseldorf, Bochum oder Dortmund. Stark wird das Ruhrgebiet dann werden, wenn es eine dynamische Einheit werden wird, die es den Menschen der einzelnen Städte ermöglicht, ihre jeweiligen Qualitäten für ihr Umfeld einbringen zu können. Die Voraussetzungen sind gut: Das Ruhrgebiet versammelt eine große Anzahl innovationsstarker Unternehmen und gute Universitäten mit ganz unterschiedlichen Wissensprofilen. Hier gilt es, die Potentiale zielführend auszubauen und schon vorhandene wirtschaftliche Leistungsstärke – unter anderem etwa in den Segmenten „Energie", „Stahl- und Metallverarbeitung" und „Gesundheitswirtschaft" – auf stadtplanerisch intelligente Weise weiter voranzutreiben.

Schon zu Zeiten von „Stahl und Kohle" war der soziale Zusammenhalt der Menschen im Ruhrgebiet stark. Dieses Zusammengehörigkeits- und Verantwortungsgefühl, das nicht zuletzt aus einer mehr als 100-jährigen erfolgreichen Integration von Zuwanderern aus den verschiedensten Umländern erwachsen ist, bietet eine wichtige Voraussetzung dafür, dass sich das „Metropolgebiet Ruhr" als erkennbare Marke in der Mitte Europas positionieren kann. Hier noch weitere Anstrengungen in der Integration der türkischstämmigen Migrantenfamilien zu unternehmen, ist eine sozialpolitische und ökonomisch sinnvolle Investition in die Zukunft.

Das neue Denken muss von unten her wachsen

Soll das Projekt „Metropolregion Ruhr" gelingen, erscheint es mir zudem als besonders wichtig, dass das anvisierte Denken und Handeln in neuen, überstädtischen Maßstäben nicht alleine von der Politik verordnet werden kann, sondern von unten her auf der Basis von Kooperation und Kommunikation wachsen muss. Den Medien kommt dabei eine wichtige Aufgabe zu. Sie müssen die Möglichkeiten dafür schaffen, dass sich so etwas wie eine gemeinsame Identität der „Metropolregion Ruhr" entwickelt. Eine Berichterstattung, die sich als Form einer gesamtregionalen Öffentlichkeit versteht, wäre ein wichtiger Schritt in diese Richtung. In diesem Zusammenhang hat sich auch der „Initiativkreis Ruhrgebiet" schon jetzt große Verdienste erworben.

Der Trend zur Vergrößerung des Maßstabes muss vor Ort seine Entsprechung finden

Ein anderer Aspekt, über den man intensiv nachdenken sollte, ist eine Stärkung direktdemokratischer Teilhabe. Menschen – das zeigt das politische Modell der Schweiz – begeistern sich dann für eine gemeinsame Idee, wenn sie selbst an den Entscheidungsprozessen beteiligt sind. Konsequent wäre es meines Erachtens, den Bürgern der Region eine solche Möglichkeit zur Meinungs- und Entscheidungsbildung auch an der Wahlurne zu geben. Es wird immer politische Entscheidungen geben, die auf Länder-, Bundes- oder Europaebene getroffen werden müssen. Gerade in einer sich immer weiter globalisierenden Welt muss ein solcher Trend zu Maßstabsvergrößerung in einem Umsetzungsprozess „vor Ort" eine Entsprechung finden. Auch hier könnte die „Metropolregion Ruhrgebiet" als Leuchtturm für die Erneuerung der politischen Kultur in Deutschland und Europa eine Rolle spielen.

HUBERTUS SCHMOLDT, 1945 in Posen geboren, wurde zum Maschinenschlosser ausgebildet, studierte von 1966 bis 1969 an der Hochschule für Wirtschaft und Politik in Hamburg und begann 1969 seine hauptamtliche Gewerkschaftstätigkeit. Seit 1988 war er Mitglied des geschäftsführenden Hauptvorstandes der IG Chemie-Papier-Keramik; seit 1995 Vorsitzender. 1997 wurde Schmoldt erstmals zum Vorsitzenden der neuen IG BCE gewählt.

In Industriehallen nicht nur Kunst präsentieren oder Theater spielen

Gerade in der Spannung liegen Potential und Reiz der Region

Das Ruhrgebiet ist hin und her gerissen zwischen seiner Tradition und dem Wunsch nach einem modernen Image. Die einen beenden immer noch ihre Sonntagsreden mit Glück auf, obwohl sie schon jahrelang keine Kohle mehr gesehen haben. Die anderen versuchen das Kohlenpott-Klischee mit bunten Kampagnen abzuschütteln und gehen auf Distanz zur Grundlage des Wohlstandes dieser spannenden Region.

Dabei sind es gerade Spannungsverhältnisse, die das Potential und den Reiz des Ruhrgebiets ausmachen – Spannung zwischen Tradition, Moderne, Industrie, Wissenschaft, Kultur und Natur. Der Physikprofessor auf Schalke, der Bergmann im Schauspielhaus, die Chemielaborantin beim Bauchtanz, die türkische Moderatorin des TV-Regionalmagazins – in der 5,3-Millionen-Metropole ist das nichts Außergewöhnliches. Big Apple an der Ruhr.

Die Vielfalt der Menschen im Ruhrgebiet war und bleibt Kern des Erfolgs. Vor allem die Menschen sind die Stärke dieser schon immer vom Wandel geprägten Region. Sie haben Zuwanderer aus aller Welt aufgenommen, stürmische industrielle Entwicklungen gestaltet, gewaltige Strukturwandel durchlebt und sozial begleitet und sich dabei zu einem Menschenschlag entwickelt, dessen eigenwilliger Charme weit über das Revier hinaus Freunde gewonnen hat: beharrlich und zugleich offen für Neues, realistisch und tolerant, einfallsreich und diszipliniert.

Schwarz-Weiß-Denken hilft nicht weiter

Beste Voraussetzungen also für die Herausforderungen der Globalisierung. Denn das Ruhrgebiet spiegelt die Welt im Kleinen. Und verfügt obendrein – trotz aller kritikwürdigen Mängel – über eine hervorragende Infrastruktur bei Verkehr, Wissenschaft, Kommunikation, Gesundheit, Bildung und Kultur.

Weiterentwicklung der Vielfalt, Gegensätze kreativ nutzen statt ideologisch zuspitzen, darin liegen die Zukunftschancen des Ruhrgebiets. Schwarz-Weiß-Denken hilft nicht weiter.

Gelegentlich hat man den Eindruck, die Touristen, die immer zahlreicher das Revier besuchen, haben ein feineres Gespür für die Kraft, die in den Gegensätzen der Region steckt, als viele Politiker und Meinungsmacher. Die Besucher kommen, weil das Ruhrgebiet immer mehr zum Kulturgebiet geworden ist. Aber auch, weil es immer noch ein Industriegebiet ist, das den Wandel zur Hochtechnologie beispielhaft erlebbar macht.

RUHR.2010 – Kulturhauptstadt Europas. Dass sich das Ruhrgebiet gegen starke internationale Konkurrenz durchgesetzt hat, ist ein großartiger Erfolg. Und ein Signal für den Willen, Kultur zu einem zentralen Element an der Ruhr zu machen, daraus nicht nur Freude an Kreativität, sondern auch ökonomischen Erfolg zu schöpfen.

Aber wir dürfen auf Bergwerken und in Industriehallen nicht nur Skulpturen präsentieren, Theater spielen und Musik machen. Die Zukunft des Ruhrgebiets liegt auch weiter in der produzierenden Industrie. Auch hier brauchen wir Signale. Die Einweihung des neuen Hochofens in Duisburg ist ein solches Signal, auch der Bau des hochmodernen Steinkohlekraftwerks in Walsum. Duisburg ist neben Shanghai der weltweit wichtigste Stahlstandort, das Ruhrgebiet ist Europas führende Energieregion. Auch die in den Bereichen Bio- und Gentechnologie oder Energietechnik entstandenen Cluster sind Beispiele für das gewaltige industrielle Know-how einer Region, das gespeist wird von langer industrieller Erfahrung, hochqualifizierten Facharbeitern und Ingenieuren und einer engen Verknüpfung von Produktion und Forschung. Das ist ein Schatz, keine Bürde. Die Zukunft des Ruhrgebiets liegt in der Energieerzeugung und der industriellen Produktion. Das gilt nicht nur für die beiden traditionell größten Branchen Metall und Chemie, sondern ebenso für junge Industrien von der Solartechnik bis zur Gen- oder Nanotechnologie. Und auch für den Bergbau und die von ihm induzierte Hightech.

Duisburg ist neben Shanghai der weltweit wichtigste Stahlstandort

Wer die Dienstleistungsgesellschaft als Alternative zur Industriegesellschaft propagiert, konstruiert einen künstlichen Gegensatz. Ohne industrielle Basis in Deutschland hat auch eine Dienstleistungsgesellschaft keine Zukunftsperspektive. Denn die Industrie schafft nicht nur den für Dienstleistungen nötigen Wohlstand, sie ist selbst auch einer der größten Abnehmer von Dienstleistungen. Diese Zusammenhänge werden weiter wachsen. Besondere Chancen bietet hier eine noch engere Zusammenarbeit mit der Wissenschaft: Ausbau und Stärkung von Forschung und Entwicklung gehören zu den zentralen Zukunftsaufgaben nicht nur im Revier. Hier sind Unternehmen wie Politik gefordert.

Nicht zuletzt verleiht die Konzentration von Knowhow und ökonomischer Potenz dem Ruhrgebiet auch die Chance, zur Lösung einer Herausforderung beizutragen, die in jüngster Zeit die öffentliche Debatte beherrscht: Klimawandel und Umweltschutz. Luftreinhaltetechnik und Energieeffizienz bei Kraftwerken, Reinigung von Abwässern, Energieeinsparung in Produktionsprozessen, Entwicklung und Herstellung von energiesparenden Dämmmaterialien und Werkstoffen, effiziente und umweltschonende Logistik, das sind nur einige von vielen Zukunftschancen, bei denen das Ruhrgebiet sich auf der Basis umfangreicher Erfahrungen weiterentwickeln kann.

Voraussetzung für eine erfolgreiche Umweltpolitik ist eine starke Industrie

Wer meint, er diene der Umwelt, wenn er gegen die industrielle Produktion zu Felde zieht, unterliegt einem verhängnisvollen Irrtum. Voraussetzung für eine erfolgreiche, nachhaltige Umweltpolitik ist eine starke, innovative Industrie mit hoher Wertschöpfung. Diese Erkenntnis bei den Bürgern zu fördern und lebendig zu halten, auch das ist eine Zukunftsaufgabe für das Ruhrgebiet.

DR. EKKEHARD D. SCHULZ, Jahrgang 1941, studierte Bergbauingenieurwesen und kam1972 zu Thyssen. 1991 wurde er Vorstandsvorsitzender der Thyssen Stahl AG. 1997 fusionierte diese mit der Krupp-Hoesch Stahl AG zur Thyssen Krupp Stahl AG, deren Vorstandsvorsitz Schulz übernahm. Seit 1991 im Vorstand des Mutterkonzerns Thyssen AG, seit 1998 dort Vorsitzender, ist Schulz seit 1999 Vorstandsvorsitzender der ThyssenKrupp AG.

Global Player: Weltweit im Wettbewerb, tiefe Wurzeln im Revier

Durch die Globalisierung wird der Wettbewerb immer intensiver

Die fortschreitende Globalisierung steht wie kein anderes Phänomen im Fokus der öffentlichen Diskussion. Der Wettbewerb wird durch den Abbau von Handelshemmnissen aller Art, die rasante Entwicklung der Informationstechnologien und die Integration neuer bevölkerungsreicher Länder in die internationale Arbeitsteilung immer intensiver. Für Unternehmen, Branchen, Regionen und ganze Volkswirtschaften gilt es daher, diesen Trend als Chance zu begreifen und offensiv anzugehen. Das bedeutet gerade für hochentwickelte Industrieländer, ihren Wissensvorsprung systematisch für die Entwicklung neuer Produkte und Technologien zu nutzen. Nur so kann die Wettbewerbsposition auf dem Weltmarkt gegen die zunehmende Konkurrenz gehalten und weiter ausgebaut werden.

Zahlreiche Unternehmen mit tiefen Wurzeln im Revier sind auf diesem Weg bereits seit Jahren erfolgreich unterwegs. Sie haben sich Spitzenpositionen auf den internationalen Märkten erarbeitet und verfolgen die Strategie eines nachhaltigen Wachstums. Darunter befinden sich sowohl namhafte Großkonzerne als auch wenig bekannte Mittelstandsunternehmen.

So kann z. B. ThyssenKrupp mit seinen Vorgängerunternehmen auf eine fast 200-jährige industrielle Tradition im Revier zurückblicken. Die Region ist auch heute die Heimatbasis des inzwischen international aufgestellten Technologiekonzerns. Rund 65 Prozent des Konzernumsatzes von 52 Milliarden Euro werden heute im Ausland erwirtschaftet, wo auch fast die Hälfte der 190000 Konzernmitarbeiter ihren Arbeitsplatz hat.

ThyssenKrupp ist ein fokussiertes Konglomerat mit den Schwerpunkten Stahl, Industriegüter und Dienstleistungen. Mit einer umfassenden Portfolio-Optimierung haben wir in den vergangenen Jahren ein Fundament für nachhaltiges und profitables Wachstum geschaffen, und unsere Wachstumsstrategie trägt bereits erste Früchte. Wir nutzen unsere Kernkompetenzen systematisch dafür, intelligente Lösungen für die wesentlichen globalen Herausforderungen der Zukunft zu entwickeln – es sind die globalen Megatrends wie Ressourcenschonung, Klima- und Umweltschutz, Ausbau der Infrastruktur oder Mobilität.

Die Region ist auch heute Heimatbasis des international aufgestellten Konzerns

Unser Metier ist in erster Linie der Werkstoff Stahl – bis heute nur begrenzt substitutionsfähig, voll recycelbar und mit einem höchstens zur Hälfte ausgeschöpften Innovationspotential. ThyssenKrupp ist internationaler Schrittmacher bei Hightech-Stählen, innovativen Stahloberflächen sowie Schlüsseltechnologien wie dem Gießwalzen. Und wir investieren weiter in die Zukunft unseres Stahlbereichs: Rund sieben Milliarden Euro fließen in ein neues Brammenwerk in Brasilien, in eine neue Produktions- und Vertriebsstätte in den USA sowie in die Optimierung der heimischen Stahlbasis in Duisburg.

Auch unser Anlagenbauer Technologies sieht gute Wachstumschancen in den zukunftsträchtigen Megatrend-Bereichen – schon heute liefern wir maßgeschneiderte, auf intelligenten Technologien basierende Problemlösungen, z. B. für die Entsalzung von Meerwasser, den kraftstoffsparenden und umweltschonenden Leichtbau von Autos, die Reduzierung von CO_2-Ausstoß von Industrieanlagen oder für die Gewinnung von Ölsand. ThyssenKrupp Elevator hat sich ebenfalls dem Thema Mobilität verschrieben. Der Lieferant von Aufzügen, Fahrsteigen und Fluggastbrücken baut konsequent das Servicegeschäft aus und will künftig vor allem in Asien und Osteuropa wachsen. Bei ThyssenKrupp Services liegt der Fokus der Wachstumsstrategie auf den Werkstoff- und Industriedienstleistungen, mit den regionalen Schwerpunkten Osteuropa und Mittlerer Osten.

Eine klassische Win-Win-Situation

Unser Auslandsengagement stützt unsere inländischen Aktivitäten, von denen es nach wie vor wichtige Entwicklungsimpulse erhält – eine klassische Win-Win-Situation für den Gesamtkonzern, die wir künftig weiter ausbauen wollen.

Wenn die Global Player aus dem Revier und die lokal orientierte Wirtschaft ihre Standortverantwortung auch künftig unvermindert ernst nehmen, dann hat die Vision „Zukunft Ruhr 2030“, die der Initiativkreis Ruhrgebiet entwickelt hat, gute Erfolgschancen. Danach soll das Revier bis 2030 zu einer Modellregion für nachhaltiges Wachstum und nachhaltige Lösung globaler Herausforderungen werden. ThyssenKrupp leistet schon heute einen Beitrag dazu.

RITA SÜSSMUTH, geboren 1937 in Wuppertal, studierte Romanistik und Geschichte, arbeitete als Assistentin und wurde 1969 Professorin an der Ruhr-Universität Bochum für International vergleichende Erziehungswissenschaft. 1981 trat sie in die CDU ein und kam 1987 in den Bundestag. 1985 wurde sie Bundesministerin für Jugend, Familie und Gesundheit. Von 1988 bis 1998 war Rita Süßmuth Präsidentin des Deutschen Bundestages.

Vielfalt und Offenheit als zentrale Maßstäbe des Handelns

Denkt man an das Ruhrgebiet, so war das lange Zeit gleichbedeutend mit Kohle und Stahl. Die Vorstellung als industrielles Herz Deutschlands hatte über ein Jahrhundert ihre unbestrittene Gültigkeit – und hat die Menschen bis heute geprägt. Die Ruhrgebietsmenschen wussten um die lebensbedrohlichen Risiken, sie bildeten so etwas wie eine alltägliche „Schicksalsgemeinschaft". Und auch wenn heute die Lebensverhältnisse anders sind, vieles von der besonderen andersartigen Mentalität schlägt noch immer durch: Sie sind sehr direkt, mögen keine Schönredner, ihre Sprache kommt von Herzen, sie sind zupackend und praktisch. Alles gute Voraussetzungen, um den Strukturwandel nicht nur passiv und eher resignativ über sich ergehen zu lassen, sondern mitzumachen, sich nicht aufzugeben.

Bedrohliche Risiken schufen eine alltägliche Schicksalsgemeinschaft

Ich selbst bin Mitte der 60er Jahre beruflich ins Ruhrgebiet gekommen. Meine Hauptwirkungsgebiete waren die Universitäten Bochum und Dortmund. Die Anfänge des Strukturwandels habe ich direkt miterlebt. Es war zum einen die Umwandlung von der Schwerindustrie und dem

Bergbau zur Wissensregion. Das Jahr 1965 und die Folgejahre waren bestimmt von neuen Hochschulgründungen in NRW mit Schwerpunkten im Ruhrgebiet. Es begann die Zeit der Umschulungen und beruflichen Weiterqualifizierung. Dabei ging es um wissenschaftlich-technische Innovationen, um medizinische Forschung, neue Produkte und Verfahren. Sehr bald danach gelang die Umwandlung von Fabrikhallen in Kulturzentren.

Für die Neuausrichtung reicht die Devise „Stärken stärken" nicht aus

Die einstige Stärke des Ruhrgebiets, nämlich die dominierende Ausrichtung auf die Montanindustrie als wirtschaftlichen Grundpfeiler, war und ist zugleich seine größte Schwäche. Die Probleme einer recht einseitig ausgerichteten Wirtschaftsstruktur zeigen sich gerade im Ruhrgebiet in aller Deutlichkeit. Für die strategische Neuausrichtung reicht es daher nicht aus, „Stärken zu stärken". Vielmehr kommt es darauf an, bewusst einen gesunden Mix der Branchen zu entwickeln, um sich nicht ein paar Jahrzehnte später erneut einem gravierenden Strukturwandel auszuliefern.

Doch Vielfalt ist nicht nur aus wirtschaftlicher Perspektive eine wünschenswerte Entwicklung für das Ruhrgebiet. Die Region ist seit über 100 Jahren stark geprägt durch die Zuwanderung von Arbeitern aus ganz Europa und steht in der Tradition, ein Schmelztiegel der Kulturen zu sein. Das friedliche Miteinander von Menschen unterschiedlichster Herkunft war in der Vergangenheit eine Selbstverständlichkeit und sollte auch in Zukunft eine sein. Angesichts der seit 1993 rückläufigen regionalen Bevölkerungsentwicklung und dem Trend hin zu einer immer älter werdenden Gesellschaft ist aber die bloße Akzeptanz von Zuwanderung nicht mehr ausreichend. Vielmehr ist die Region auf den starken Zuzug von jungen, qualifizierten und motivierten Menschen angewiesen, wenn sie denn auch weiterhin eine führende wirtschaftliche Rolle in Deutschland und Europa spielen will. Um dies zu erreichen, muss die Attraktivität gerade für junge Menschen erhöht werden. Hierbei spielen besonders das Bildungs- und Ausbildungssystem, Berufsmöglichkeiten in zukunftsbezogenen Branchen des Produktions- und Servicebereiches, eine familienfreundliche Infrastruktur wie auch kulturelle Angebote zentrale Rollen.

Der blaue Himmel, die Wohn- und Lebensqualität sind bereits Realität. Jetzt kommt es darauf an, das Ruhrgebiet zu einem regionalen Silicon Valley zu entwickeln. Dabei sollten innovatives Wissen, kulturelle Attraktivität und soziale Kompetenz immer eine Einheit bilden, denn entscheidend sind die Menschen, die durch Offenheit, Warmherzigkeit und Zukunftsvertrauen über die Region hinaus durch ihre Ausstrahlungskraft wirken.

Welche Vision also sollte das Ruhrgebiet anstreben? Die Region hat gemeinsame Probleme und gemeinsame Stärken, sie sollte daher ein noch stärkeres Gemeinschaftsbewusstsein entwickeln. Die Vision einer in Zukunft „zusammengewachsenen Metropole" wäre daher ideal, um die gegenwärtigen und kommenden Herausforderungen zu meistern. Etwa vergleichbar dem historischen Beispiel Berlin zur Gründerzeit. Die Voraussetzungen dazu sind definitiv vorhanden: eine bedeutende wirtschaftliche Basis, eine zentrale Lage, eine hervorragende Infrastruktur und ein demographisch stark verdichteter Raum. Die Fundamente solch einer Metropole sollten natürlich nicht Kohle und Stahl sein, sondern vielmehr eine geistige Grundhaltung, die Vielfältigkeit und Offenheit als zentrale Maßstäbe des Handelns ansetzt. Mit solch einem Fundament wird es der Region gelingen, den notwendigen Transformationsprozess in eine Richtung zu lenken, die sich nicht nur als erfolgreich, sondern auch als nachhaltig erweisen wird.

Entscheidend sind die Menschen, ihre Offenheit und ihr Zukunftsvertrauen

HANS-JOACHIM WATZKE, 1959 im westfälischen Marsberg geboren, war Geschäftsführer der Watex-Schutzbekleidungs GmbH, bis er 2005 zum Geschäftsführer der Borussia Dortmund GmbH & Co. KGaA berufen wurde. Zuvor war Watzke Schatzmeister des Vereins. Zusammen mit Vereinspräsident Reinhard Rauball und Finanzgeschäftsführer Thomas Treß rettete er 2006 den BVB durch Umstrukturierung der Verbindlichkeiten vor der Insolvenz.

Wir haben das Zeug dazu, uns immer wieder neu zu erschaffen

Einer der markenstärksten internationalen Fußballclubs

Tradition, Erfolg und Leidenschaft – diesen drei Begriffen ist Borussia Dortmund verpflichtet. Sie sind unser Claim, aber sie könnten auch für das Ruhrgebiet insgesamt stehen. Wie kaum ein anderer Verein spiegelt und prägt zugleich der BVB 09 die Entwicklung im Ruhrgebiet von der weißen Wiese, dem ersten Stadion ganz in der Nähe des Borsigplatzes und im Schatten der Hoesch-Hüttenwerke, über die Kampfbahn Rote Erde bis zu den gelben Pylonen des mehr als 80 000 Besucher fassenden Signal Iduna Parks. In den knapp hundert Jahren seit der Gründung hat sich der Verein zu einem der erfolgreichsten Clubs Deutschlands entwickelt. Die Borussia Dortmund GmbH & Co. KGaA gehört zu den markenstärksten internationalen Fußballclubs mit dem höchsten Zuschauerschnitt in Europa. Das kommt nicht von ungefähr; sechs deutsche Meisterschaften, der Europapokal der Pokalsieger, der Gewinn der Champions League und des Weltpokals – das waren Sternstunden in der Vereinsgeschichte. Ob Rot-Weiss oder Schwarz-Weiß, Schwarzgelb oder Königsblau: Fußball ist untrennbar mit der Ruhrgebietskultur verbunden und bestimmt das Leben vieler Fans weit über das Spiel am Wochenende hinaus. Das zeigt sich schon statistisch: Zusammen mit London, Mailand und den Fußballhochburgen in Brasilien und Argentinien haben wir die höchsten Zahlen bei Aktiven wie Zuschauern. Aber das zeigt sich viel mehr in den zahllosen Anekdoten und Heldengeschichten (unvergesslich der Dialog zwischen einem Schiedsrichter und Willi „Ente" Lippens, der auch für Dortmund spielte: „Ich verwarne Ihnen." – „Ich danke Sie."), das zeigt sich in der engen Beziehung der Fans zu ihren Vereinen. Bei mir selbst hat das vor 40 Jahren begonnen. Mein Vater war dafür verantwortlich, dass ich zum BVB-Fan wurde.

„Ich verwarne Ihnen" – „Ich danke Sie"

Heute hat der Verein mehr als 650 offizielle Fanclubs in der ganzen Welt, und wie kreativ unsere Fans sind, das beweisen sie bei jedem Heimspiel aufs Neue.

Alles hat Belang für sie. „Wenn im Westfalenstadion der Rasen gemäht wird, stehen hinterher zwanzig Mann zusammen und erzählen, wie es gewesen ist", hat Max Merkel einmal beobachtet.

Und sie ziehen mit. Sie sitzen mit der Mannschaft und der Vereinsführung in einem Boot, und sie haben zum Beispiel beim Dauerkartenverkauf auf eindrucksvolle Art demonstriert, dass sie dem BVB auch in schwierigen Zeiten helfen wollen. Mehr als 50000 Jahreskarten sind ein toller Vertrauensbeweis.

Hätte man den Dortmundern vor 40 Jahren von einem Fußball-Tempel mit über 80000 Plätzen inmitten ihrer Stadt erzählt, von einem Stadion mit Glasfassade, Rasenheizung und der größten Stehplatztribüne Europas, alle hätten ob derlei Phantastereien nachsichtig gelächelt. Heute steht an der Strobelallee mit dem Signal Iduna Park tatsächlich Deutschlands größtes Fußballstadion. Fassungsvermögen: exakt 80708 Plätze. „Der Tempel", wie die Fans gern sagen, gilt vielen als „schönstes Stadion der Republik". Ähnlich wie die Region hat auch der BVB schwere, existenzbedrohende Jahre hinter sich. Doch die Gefahr ist gebannt, wir streben zu neuen Ufern.

„You'll never walk alone"

Die neue Vision für die Metropolregion Ruhr ist ähnlich herausfordernd. Sie wird vielleicht auch von dem einen oder anderen belächelt, aber diese Region hat das Zeug dazu, nicht nur phantastische Stadien zu bauen, sondern sich auch immer wieder selbst zu erschaffen. So wie wir den Verein zukunftsfit gemacht haben und ihn nun auch wieder spielerisch nach vorne bringen werden, so kann und wird es auch die Ruhr insgesamt schaffen. Gemeinsam, denn „you'll never walk alone".

DR. GUIDO WESTERWELLE wurde 1961 in Bad Honnef geboren und studierte Jura in Bonn. Der promovierte Jurist arbeitete ab 1991 als Anwalt. 1980 trat Westerwelle in die FDP ein. Drei Jahre später wurde er Bundesvorsitzender der Jungen Liberalen (bis 1988). Von 1994 bis zum Jahr 2001 war Westerwelle Generalsekretär der Liberalen. Mitglied des Bundestages ist er seit 1996 und Bundesvorsitzender der FDP seit Mai 2001.

Die Metropolregion Ruhr – ein Modell für Deutschland

In der Metropolregion Ruhr hat ein faszinierender, aber auch für viele Menschen schmerzhafter Strukturwandel begonnen. Die Wirtschaft des Ruhrgebiets war jahrzehntelang von der Montanindustrie geprägt. Die Wirtschaftskraft des Ruhrgebiets hat den schnellen Wiederaufbau nach dem Krieg möglich gemacht und vielen Menschen sichere Arbeitsplätze und Wohlstand garantiert.

Transformation alter Stärken zu neuen Chancen

Das Ruhrgebiet steht aber nunmehr vor neuen, großen Herausforderungen. Der Strukturwandel muss aktiv politisch begleitet und gefördert werden, um den Menschen an der Ruhr wieder Zukunftschancen zu eröffnen. Der Strukturwandel kann gelingen, wenn die Transformation alter Stärken zu neuen Chancen gelingt. Die Innovationskraft des Ruhrgebiets zu stärken ist nicht nur, aber auch Aufgabe der Politik. Die Stärken des Ruhrgebiets, seine zentrale Lage in Europa, die gute Verkehrsanbindung und Infrastruktur und die ausgeprägte Hochschul- und Forschungslandschaft müssen gepflegt und weiter ausgebaut werden. Ein Schlüssel hierfür ist der Innovationstreiber

Bildung. Das Ruhrgebiet benötigt eine Bildungsoffensive, die die Leistungsstärke der Schulen und den Ausbau der ingenieur- und naturwissenschaftlichen Fakultäten an den Hochschulen in den Mittelpunkt stellt. Aber auch die Erneuerung der Verkehrsinfrastruktur, Wachstumsperspektiven für den Luftverkehr, bessere Umschlagpunkte für den Güterverkehr, innovative Verkehrsträger und intelligente Verkehrssteuerung sind für das Wirtschaftszentrum Ruhrgebiet von entscheidender Bedeutung. Für diese Herausforderungen können wir uns aber keine 30 Jahre Zeit nehmen. Der Transformationsprozess an der Ruhr kann zu einem Modell für Deutschland werden. Wir sollten hierfür den Mut und das Vertrauen haben, der Metropolregion Ruhr zu erlauben, zu einer Modellregion für Deutschland zu werden. Zu einer Modellregion, in der zum Beispiel das Bau- und Baunebenrecht des Bundes, aber auch das Planungsrecht flexibel angewendet werden. Der Modellregion Ruhr müsste es erlaubt sein, auch vom Bundesrecht abzuweichen, wenn es zur Förderung von Investitionen und Innovationen notwendig ist. Unser starres und bürokratisches Planungs- und Baurecht verzögert zu häufig notwendige Infrastrukturmaßnahmen. Entsprechende Öffnungsklauseln im Bundesrecht würden es der Metropolregion Ruhr erlauben, schneller und effizienter den Strukturwandel zu gestalten.

Unser starres Planungsrecht verzögert zu häufig notwendige Maßnahmen

Die Region Ruhr hat große Chancen, wenn die eingeleiteten Modernisierungsschritte beibehalten und noch beschleunigt werden. Meine Vision für die Ruhr ist eine Renaissance der wirtschaftlichen Stärke der Region für unser Land. Eine Region Ruhr mit einer blühenden Bildungs- und Forschungslandschaft, mit einer Vielzahl kleiner und mittelständischer Unternehmen, die innovative Produkte entwickeln und weltweit vertreiben. Eine Region, in der die Bürger zukunftsfähige Arbeitsplätze und eine gute Ausbildung für ihre Kinder finden und in der sie die Lebensqualität einer kreativ aufgeladenen und bürgerfreundlichen Metropole Ruhr genießen können. Der Strukturwandel an der Ruhr ist nicht nur für die Region, sondern insgesamt für unser Land von großer Bedeutung. An der Ruhr wird sich auch entscheiden, wie innovativ und flexibel unser Gemeinwesen ist, um die Herausforderungen der Zukunft zu meistern. Aber so wie ich die tatkräftigen und optimistischen Bürger an der Ruhr kenne, kann uns das gelingen!

An der Ruhr entscheidet sich, wie innovativ und flexibel unser Gemeinwesen ist

INITIATIVKREIS RUHRGEBIET

Innovatives Zentrum

Wichtige Impulse für den Strukturwandel an der Ruhr

Der Initiativkreis Ruhrgebiet ist ein Zusammenschluss von 70 Unternehmen aus Deutschland mit zusammen weltweit rund 2,5 Millionen beschäftigten Menschen und rund 700 Milliarden Euro Umsatz. Ihr Ziel ist es, die Zukunft des Ruhrgebiets langfristig zu sichern und zu fördern. Ihre Führungskräfte repräsentieren als Persönliche Mitglieder den Initiativkreis Ruhrgebiet. Mit zukunftsfähigen Strategien und praxisnahen Konzepten setzt der Initiativkreis auf die kreative Kraft gebündelten ökonomischen Know-hows. Aus dieser Stärke erwachsen Zukunftsprojekte mit Strahlkraft. Immer mit dem Ziel vor Augen, die Metropole Ruhr als konzertierte Aktion verschiedener Akteure weiterzuentwickeln.

Durch sein Engagement trägt der Initiativkreis Ruhrgebiet dazu bei, das Image der Region entscheidend zu verbessern. Seit 1988 führt der Initiativkreis zahlreiche Projekte durch, die dem Strukturwandel im Ruhrgebiet wichtige Impulse verleihen und das Image der Region positiv fördern. Die Träger des Initiativkreises haben ein gemeinsames Ziel: die Zukunft dieser europäischen Kernregion und ihrer Menschen langfristig zu sichern und zu beflügeln – durch die Einleitung neuer Innovationsschübe, die Förderung von Investitionen und die Unterstützung von Maßnahmen in Wissenschaft, Sport und Kultur. Ziel dieses Handelns ist die Positionierung des Ruhrgebiets als innovatives Zentrum für Industrie, Handel, Forschung und Dienstleistungen im internationalen Wettbewerb.

Zukunft Ruhr2030

„Im Jahr 2030 wird die Metropole Ruhr eine Modellregion für die nachhaltige Lösung globaler Herausforderungen sein." Ausgehend von dieser Vision bündelt das Leitprojekt Zukunft Ruhr2030 besonders zukunftsorientierte Aktivitäten des Initiativkreises Ruhrgebiet. Konzeptionelle Grundlage dafür ist das in Arbeitsgruppen erarbeitete Strategiepapier des Initiativkreises, das zu gleichen Teilen als Zukunftsprogramm für die Metropole Ruhr und als langfristiges Arbeitsprogramm für den Initiativkreis selbst fungiert. Die entsprechenden Ergebnisse waren auch Gegenstand des weithin beachteten Zukunftskongresses.

Das Leitprojekt Zukunft Ruhr2030 umfasst im Einzelnen folgende Aktivitäten bzw. Projekte:

Zukunfts- und Arbeitsprogramm in einem

- Innovationspakt Ruhr
- Ruhr2030 Award
- MedRuhr.com
- Internationale Schulen
- Place-Branding-Kampagne
- Infrastruktur
- Regionale Wirtschaftsförderung
- Ruhr2030 Index

Mit Zukunft Ruhr2030 erneuert der Initiativkreis Ruhrgebiet faktisch seinen Gründungsauftrag und unterstreicht damit seine Rolle als Impulsgeber und treibende Kraft für eine erfolgreiche Zukunft der Metropole Ruhr.

Klavier-Festival Ruhr

Seit 1989 hat sich das Klavier-Festival Ruhr als Projekt des Initiativkreises Ruhrgebiet zu einem kulturellen Aushängeschild der Region entwickelt.

Allsommerlich beflügeln die Pianisten der Welt für mehr als zwei Monate das Ruhrgebiet. Dabei sind es neben der internationalen Pianisten-Elite auch viele Nachwuchskünstler, wie zum Beispiel die Preisträger der wichtigsten internationalen Klavierwettbewerbe, die der Einladung des Intendanten Prof. Franz Xaver Ohnesorg in die 16 Festival-Städte zwischen Rhein und Ruhr folgen. Aufgebaut auf sehr vielfältigen Programmlinien, mit klassischen Konzerten, aber auch mit Jazz, Musik der Gegenwart und Kinderkonzerten, bietet das weltweit größte Klavierereignis jedes Jahr ein spannendes Programm mit unterschiedlichen Schwerpunkten.

Wirtschaft und Schule

Der Initiativkreis Ruhrgebiet führt mit seiner erfolgreichen Veranstaltungsreihe „Dialog mit der Jugend“ seit über elf Jahren junge Menschen aktiv an Wirtschaftsthemen heran. Er tut dies auf ganz besondere Weise: In direkten Gesprächen mit den Unternehmenslenkern ermöglicht der „Dialog“ Begegnungen auf Augenhöhe, bei denen es um Wirtschaftsthemen und Zukunftschancen geht.

Spitzenmedizin im Ruhrgebiet

Die höchste Dichte an Ärzten und Kliniken

Die medizinische Infrastruktur im Ruhrgebiet ist einzigartig: Das „Revier“ weist die bundesweit höchste Dichte an niedergelassenen Ärzten und Krankenhäusern auf. Zahlreiche Forschungseinrichtungen und Universitäten gewährleisten eine enge Verzahnung von Forschung und Lehre. Eine Vielzahl innovativer Unternehmen in den Bereichen der Medizintechnik, der Biotechnologie und der Informationstechnologie sind hier gegründet worden und stehen für medizinische Spitzenleistungen der Region. Mehr und mehr entwickeln sich die Städte zwischen Rhein und Ruhr zu Kompetenzzentren der Gesundheitswirtschaft. Ein Gremium von 18 Spitzenmedizinern aus dem gesamten Ruhrgebiet begleitet diese Aktivitäten. Ziel: das Ruhrgebiet als europäisches Zentrum der Spitzenmedizin.

Alumni in aller Welt bilden ein Netzwerk

RuhrFAN

Der Initiativkreis Ruhrgebiet unterstützt mit dem Projekt „RuhrFAN" (Ruhr Friends and Alumni Network) die Bildung eines weltumspannenden Netzwerks von Persönlichkeiten aus Wirtschaft, Wissenschaft und Kultur und aus öffentlichen Institutionen – Menschen, die auf ihrem Lebensweg auf der ganzen Welt eine neue Heimat gefunden haben, aber mit dem Ruhrgebiet verbunden sind, sei es privat oder beruflich. Ziel ist es, den Austausch von Informationen und Ideen zu befördern und damit das Ansehen des Ruhrgebiets international zu verbessern.

Das 2005 in New York eingerichtete Verbindungsbüro „ConRuhr" (Consortium of the Ruhr Universities) koordiniert sämtliche überseeischen Aktivitäten, so auch die der Ehemaligen der Ruhr-Universitäten. Mit einem im Rahmen des Alumni-Projektes neu geschaffenen Newsletter versorgt das New Yorker Büro Alumni in aller Welt vierteljährlich mit Neuigkeiten aus Wirtschaft, Wissenschaft und Kultur der Ruhr-Region.

Kulturhauptstadt 2010

Der Initiativkreis Ruhrgebiet beteiligt sich am Projekt „Kulturhauptstadt 2010" als Mitgesellschafter der Ruhr 2010 GmbH mit einem Anteil von 25 Prozent. Programmatischer Beitrag des Initiativkreises wird das Modellprojekt „Education" sein, das junge Menschen aktiv und kreativ in das Kulturhauptstadtjahr 2010 einbeziehen soll.

Eine Gruppe von Künstlern und Pädagogen rund um den international renommierten Musik-Pädagogen Richard McNicol („Rhythm is it!") soll vor allem im schulischen Bereich neue Wege kreativen Lernens aufzeigen und einem jungen Publikum Mut zu musikalisch-künstlerischem Engagement machen. Ausgangspunkt ist dabei das überregional angesehene Klavier-Festival Ruhr, dessen bereits vorhandenes „Education"-Angebot zu einem didaktisch-programmatischen Bestandteil der Kulturhauptstadt-Aktivitäten ausgebaut wird.

Die Moderatoren

Bis zum November 1995 hatte der Initiativkreis je zwei Moderatoren, seither wählt die Vollversammlung jeweils für die Dauer von zwei Jahren einen Moderator und einen Stellvertreter.

Gründungsmoderatoren
Rudolf von Benningsen-Förder und Dr. Alfred Herrhausen

1989–1995
Dr. Friedhelm Gieske und Hilmar Kopper

1996–1997
Ulrich Hartmann, Dr. Helmut Burmester (Stellvertreter)

1998–1999
Dr. Dietmar Kuhnt, Dr. Erich Schumann (Stellvertreter)

2000–2001
Dr. Jochen Melchior, Dr. Henner Puppel (Stellvertreter)

2002–2003
Dr. Hans-Peter Keitel, Dr. Dieter Heuskel (Stellvertreter)

2004–2005
Dr.-Ing. Ekkehard D. Schulz, Dr. Dieter Heuskel (Stellvertreter)

2006–2008
Dr. Werner Müller, Dr. Winfried Materna (Stellvertreter)

2008–
Dr. Wulf Bernotat, Dr. Winfried Materna (Stellvertreter)

Die Träger des Initiativkreises

Accenture
Aldi
A.T. Kearney
AXA
BDO Deutsche Warentreuhand
Booz Allen Hamilton
Brenntag
CEMEX Deutschland
Corpus Immobiliengruppe
Deutsche Annington Immobilien
Deutsche Bahn
Deutsche Bank
Deutsche BP
Deutsche Telekom
Duisburger Hafen
EDS Itellium
Emschergenossenschaft und Lippeverband
E.ON
E.ON Ruhrgas
Ernst & Young

Evonik Industries
Fahrzeug-Werke LUEG
Flughafen Düsseldorf
GAGFAH
GEA Group
Gelsenwasser
Grey Group Germany
HANIEL
HDI-Gerling Versicherungen
Heitkamp
HOCHTIEF
Hypothekenbank in Essen
IKB Deutsche Industriebank
ista
IVG Immobilien
Klöckner & Co
KPMG
KÖTTER Services
Kümmerlein Simon & Partner
MAN Ferrostaal
MATERNA Information & Communications
Messe Essen
MC-Bauchemie
NATIONAL-BANK
NRW.BANK
Opel
Pilkington
PricewaterhouseCoopers
ProLogis
RAG
Rhein-Ruhr Collin
Roland Berger
Ruhrverband
RWE
Sal. Oppenheim

Siemens
SIGNAL IDUNA
SMS Group
Tengelmann
The Boston Consulting Group
ThyssenKrupp
Trimet
TÜV Nord
TÜV Rheinland
Veltins
Verlagsgruppe Handelsblatt
WAZ Mediengruppe
Westfalenhallen Dortmund
WestLB
WGZ BANK

Adressen

Initiativkreis Ruhrgebiet Verwaltungs-GmbH
Alfred-Herrhausen-Haus
Brunnenstraße 8
45128 Essen
Geschäftsführer: Peter Lampe,
Prof. Franz Xaver Ohnesorg
Tel.: 02 01/8 96 66-0
Fax: 02 01/8 96 66-70
Internet: www.i-r.de

Projekte:
www.i-r.de/Internet/DE/Projekte/Zukunft_Ruhr2030/

Strategie:
www.i-r.de/export/sites/standardlsg/Internet/resources/PDFs/Strategiepapier_Zukunft_Ruhr2030_231107.pdf

Klavierfestival:
www.i-r.de/Internet/DE/Projekte/Klavierfestival/

E-Mail: info@i-r.de

Bildnachweis

Seite 08: Foto: dpa-Sportreport
Seite 15: Foto: Evonik Industries/Christian Schlüter
Seite 22: Foto: Doris Poklekowski
Seite 32: Foto: Caro/Oberhaeuser
Seite 40: Foto: dpa-Fotoreport
Seite 56: Foto: privat
Seite 68: Foto: TU Dortmund
Seite 72: Foto: Eon
Seite 75: Foto: picture-alliance/Sven Simon
Seite 79: Foto: ThyssenKrupp
Seite 82: Foto: Landtag NRW
Seite 86: Foto: dpa-Fotoreport
Seite 92: Foto: Wirtschaftsministerium
Seite 95: Foto: philippwente.com
Seite 99: Foto: dpa-Report
Seite 102: Foto: Bistum Essen
Seite 105: Foto: RWE
Seite 109: Foto: Franz Haniel & Cie. GmbH/Andreas Pohlmann
Seite 112: Foto: dpa-Report
Seite 115: Foto: dpa-Report
Seite 119: Foto: Deutsche Bahn AG
Seite 123: Foto: dpa-Report
Seite 126: Foto: Presse- und Informationsdienst der Bundesregierung
Seite 131: Foto: LMWIST
Seite 135: Foto: Ruhr2010
Seite 140: Foto: CDU-Bundesgeschäftsstelle/Chaperon
Seite 143: Foto: Landesregierung NRW
Seite 147: Foto: dpa-Report
Seite 150: Foto: picture-alliance/dpa
Seite 154: Foto: ThyssenKrupp
Seite 157: Foto: actionpress
Seite 160: Foto: picture-alliance/dpa
Seite 163: Foto: dpa-Report